Maria G. Baier-D'Orazio

Vom Vergnügen, älter zu werden

Maria G. Baier-D'Orazio

VOM VERGNÜGEN
ÄLTER ZU WERDEN

Fit, frech, fröhlich, frei
das Leben genießen!

SILBERSCHNUR VERLAG

Copyright © 2016 Verlag »Die Silberschnur« GmbH

ISBN: 978-3-89845-502-2

1. Auflage 2016
2. Auflage 2022

Gestaltung & Satz: XPresentation, Güllesheim
Umschlaggestaltung: XPresentation, Güllesheim; unter Verwendung eines Motivs von © Peter Augustin, www.gettyimages.com
Druck: Finidr, s.r.o. Cesky Tesin

Verlag »Die Silberschnur« GmbH · Steinstr. 1 · 56593 Güllesheim
www.silberschnur.de · E-Mail: info@silberschnur.de

Inhaltsverzeichnis

———•———

Einführung   9
Wie es zu diesem Buch kam
Wie Sie mit diesem Buch arbeiten können

Stellen wir unser Denken zum Alter auf den Kopf   27

Krank in der Jugend, fit im Alter? Es ist möglich.   29
Mit 91 Jahren auf den Fujiyama – Hulda Crooks

Sich vom »Krankheitsdenken« nicht vereinnahmen lassen 49
»Nicht so viel über Krankheiten reden!« –
Dr. Hermann Pünder, 90 Jahre

Widrigkeiten sind dazu da, sie zu überwinden   61
»Get up and try!« – Hilda Kemp, 98 Jahre

Kontakt mit Menschen – ein wahres Lebenselixier   81
»I like to meet people!« – Phyllis Self,
Geschäftsfrau mit 102 Jahren

Mut zum Neuen, Mut zum Wagnis – in jedem Alter 95
Mit 85 das Abseilen entdeckt, »weil es Spaß macht« –
Doris Long

Was Hänschen nicht lernt, lernt Hans nimmermehr?
Ein längst überholter Glaube 113
Allan Stewart: Bachelor werden mit 91 Jahren

Attraktivität im Alter 125
»Mit 79 Jahren alle beeindrucken« – Ilse Pätau

Zukunft bewusst gestalten und erweitern 141

Der rote Faden im Leben
Ein Beruf, der Berufung ist, hält lange jung 143
Artist aus Leidenschaft – Konrad Thurano, 98 Jahre

Von der Offenheit des Geistes
Altsein beginnt im Denken, Jungbleiben auch 161
Spontan, neugierig, abenteuerlustig –
Alter: 77, Name: Heidi Hetzer

Kreativität – das Anti-Aging-Mittel par excellence
Anders sein, anders denken, Neues schaffen 177
»Ich muss noch 50 Jahre leben, um all das zu
verwirklichen, was ich im Kopf habe«,
sagte Christian Gruhl – mit 80 Jahren

Wie Engagement das Alter zu dynamisieren vermag
Engagement für andere macht das eigene Alter lebendig   189
»Statt Egozentrik: für den Nächsten da sein« –
Friedrich Thimm, 90 Jahre

Die verborgene Kraft dahinter
Neuanfang aus der Talsohle des Lebens   201
»Meiner Meinung nach sollte man im Leben danach
streben, sich zu vollenden« – Anne R., 79 Jahre

Schlusswort   219

Literaturhinweise und Empfehlungen   229
Über die Autorin   232

HINWEIS

Die Ratschläge, Anwendungen und Übungen in diesem Buch sind nach bestem Wissen und Gewissen zusammengestellt und wurden von der Autorin sorgfältig recherchiert und in der Praxis erprobt. Dennoch können nur Sie selbst entscheiden, ob und inwieweit Sie die Übungen durchführen oder etwaige Vorschläge umsetzen.

Dieses Buch versteht sich als Hinweis auf eine Methode zur Selbsthilfe, die in erster Linie auf Persönlichkeitsentwicklung und Bewusstseinserweiterung abzielt.

Die Inhalte dieses Buches sollten vornehmlich in die Selbstverantwortung und Reflexion führen. Wer die Inhalte dieses Buches anwendet, tut dies in eigener Verantwortung. Die hier gegebenen Informationen ersetzen nicht die professionelle Hilfe durch einen Arzt oder Therapeuten. Wer rechtlichen, medizinischen, psychotherapeutischen oder psychiatrischen Rat sucht oder Hilfe benötigt, sollte sich an einen geeigneten Spezialisten wenden.

Autorin und Verlag übernehmen keine indirekte oder direkte Gewährleistungen und keine Haftung für Schäden oder Nachteile jeglicher Art, die durch Nutzung des Buchinhaltes und die Missachtung dieses Hinweises entstehen sollten.

Einführung

An ein lebendiges, spannendes Alter zu glauben, fällt den meisten von uns schwer. Auch wenn wir in einer Zeit leben, in der 70-Jährige auf Kreuzfahrten unterwegs sind und man dynamische 80-Jährige mitunter im Fitnesscenter antreffen kann – die allgemein herrschende Vorstellung von Alter ist immer noch die, dass "alt sein" Beschränkung, Krankheit und Verfall bedeutet, dass es ein langsamer Abschied vom Leben ist.

Mehr als die Hälfte der Bevölkerung sieht das Alter als mit Mühen und Beschwerden verbunden, das fand eine von der Robert-Bosch-Stiftung initiierte Studie im Jahr 2009 heraus. Eine ganz aktuelle Studie über die Ängste der Deutschen, im Jahr 2014 durchgeführt, offenbart, dass jeder Zweite (!) sich davor fürchtet, im Alter ein Pflegefall zu werden.
Was zeigt dies anderes als die große Angst vor einem negativ verlaufenden Alter?

Es gibt kaum jemanden, der das Wort "Alter" mit einem positiven Bild in Verbindung bringt. Wer glaubt schon daran, dass Alter "problemlos" sein kann, dass im Alter Entfaltung möglich ist, dass es gar noch aufwärts gehen kann?

Berichte über fitte, dynamische Hundertjährige beeindrucken alle. Die wenigsten aber glauben, dass sie selbst so etwas erreichen können. Das stelle ich immer wieder auch bei Lesungen zu meinem Buch *Leben wagen bis ins hohe Alter* fest. Gebannt sitzen die Zuhörer vor mir und lauschen mit leuchtenden Augen den fesselnden Erzählungen von Menschen, die mit 70 Jahren ihren Lebenstraum verwirklichten, mit 80 Jahren ein neues Hobby begannen oder mit 90 Jahren noch sportliche Titel holten.
Kaum ist jedoch die Lesung zu Ende, sagen dieselben Zuhörer, dass das Alter "normalerweise" doch ganz anders ablaufe. Da bemerken 50-Jährige, dass man so etwas nur machen könne, wenn man gesund sei – und das sei selten, hört man 40-Jährige einwerfen, sie jedenfalls seien "zu alt". Zu alt, um etwas Neues zu beginnen, fühlen sich selbst 30-Jährige und denken, dass es für sie zu spät sei, um noch beruflich umzusatteln.

Das Maximale an positiven Gedanken, die wir dem Alter gegenüber aufbringen können, scheint die Hoffnung darauf zu sein, von Krankheit verschont zu bleiben und einen halbwegs sorgenfreien Ruhestand erleben zu können.

Dass wir in der Tiefe von derart negativen Vorstellungen bestimmt werden, hat viel damit zu tun, wie wir unsere Umwelt wahrnehmen, wovon wir uns beeinflussen lassen und woran wir glauben. Doch auch unsere Gesellschaft trägt einen erheblichen Anteil am negativen Bild vom Alter. Die Rente ist einer der Hauptgründe dafür. Die Rente zerteilt das Leben in ein "Davor" und ein "Danach". Danach, das ist der Beginn von Alter.

Dass diese Zäsur eine willkürliche ist, dessen sind wir uns oft nicht mehr bewusst. Doch kann man es schwerlich anders nennen als Zäsur, wenn eine Zahl bestimmt, wann jemand als alt zu gelten hat. In industrialisierten Ländern, wie dem unsrigen, verbindet man Leistung mit Jungsein. Wer nichts mehr leisten kann, gilt als alt. Das aber bestimmen bei uns Wirtschaft und Politik, die – gewollt oder nicht – mit dem Renteneintritt die Zäsur zum "Altsein" festlegen: in einem Land mit 60, im anderen mit 65, im dritten mit 67.

In Kulturen, in denen es kein "Rentenalter" gibt oder in denen man diese Mentalität nicht verinnerlicht hat, stellt sich das Leben weit mehr als Kontinuum dar. Man ist dann alt, wenn man sich selbst nicht mehr fit fühlt für die Arbeit, wenn man nicht mehr aufs Feld gehen kann oder das Haus nicht mehr verlassen kann. Das aber wird, je nach Individuum, mit 60, 70 oder 80 sein, gelegentlich auch erst mit 90 oder 100. Die Definition von Alter ist somit fließend.

Hinzu kommt, dass man in solchen Kulturen oft auch dann nicht auf negative Weise "alt" ist, wenn man objektiv ein hohes Lebensalter erreicht hat. Das hat etwas mit dem Verständnis von Würde zu tun und mit Achtung gegenüber dem Alter.

Auch bei Menschen in unseren Breiten, die selbstständig sind und somit oft bis ins hohe Alter hinein aktiv bleiben können, ist das Verständnis von "alt sein" fließend und somit nicht eindeutig definiert. Unter den dynamischen Hochaltrigen findet man viele Selbstständige.

Altersgrenzen wie auch Altersdefinitionen sind also sehr relativ. Doch die allgemein in uns verwurzelte Denkweise ist immer noch die, Menschen "über 60" mit der Vorstellung von alt zu verbinden.

Auch wenn Studien und Untersuchungen uns heute bestätigen, dass die Sechzigjährigen unserer Tage den 40-Jährigen aus 1950 gleichkommen, es hat kaum etwas daran geändert, wie die Gesellschaft dem Alter 60+ (besser gesagt: 50+) begegnet. Behörden, Ärzte, Veranstalter, Werbefachleute, Medien – bei den meisten ist diese neue Wirklichkeit noch nicht angekommen. In Zeitungen findet man immer noch Werbeanzeigen zu 50+, in denen es um Zahnprothesen und Pflegeheime geht; Geschäfte für Hörakustik schicken Kunden ab 60 Werbebriefe für Hörgeräte; die deutsche Bahn sendet Bahncard-Inhabern ab 60 automatisch die Senioren-Bahncard zu, und Ihr Arzt wird Ihnen garantiert immer öfter mit den drei famosen Worten "in Ihrem Alter ..." antworten, sobald Sie die 60-Jahre-Grenze überschritten haben.

"Aber Alter manifestiert sich doch ganz real körperlich. Mit zunehmendem Alter baut man einfach ab, das sieht man doch!" Ein Argument, das an dieser Stelle recht häufig kommt. Ein scheinbar schlagkräftiges Argument.

Nun, es ist genau so lange schlagkräftig, wie man dem nicht auf den Grund geht. Man kann etwas um sich herum sehen oder auch bei sich selbst feststellen, und es ist somit "real". Das heißt aber nicht, dass dies die einzige Realität ist.

Dass viele Menschen im Alter krank sind oder werden, erlaubt noch lange nicht den Umkehrschluss, dass es immer so sein muss. Das ist bereits an den Menschen erkennbar, die wir gern als "Ausnahmen" ansehen, die wir aber auch – bei entsprechend anderer Denkweise – als Beweis dafür ansehen könnten, dass Alter anders ablaufen kann.

Etwas kann also durchaus "real" sein, muss deswegen aber nicht gesetzmäßig und allgemeingültig sein. Es gibt jedenfalls inzwischen unzählige Publikationen und Studien, die nachweisen, dass Krankheit *nicht* automatisch zum Alter gehört. Auch Altersforscher unterstreichen es immer wieder: Es gibt keine allgemeingültige Norm dafür, wie Menschen das Alter erleben oder gar erleben müssen. Gerade die Phase des Alters sei durch sehr große Unterschiede zwischen den einzelnen Menschen gekennzeichnet – größer als in jedem anderen Lebensabschnitt. Das gelte im Hinblick auf fast alle physischen und psychischen Merkmale.

Die Überzeugung, dass Krankheit im Alter so etwas wie eine Gesetzmäßigkeit darstellt, ist so tief in uns verankert, dass die meisten sich bereits vorab gedanklich in dieses "Los" fügen. Jene, die diesen Verlauf nicht akzeptieren wollen, zentrieren ihre Anstrengungen für ein gutes Alter – aus ihrer Sicht recht konsequent – in erster Linie auf das Fitsein.

Im Alter fit bleiben zu wollen, ist wunderbar, und es ist gewiss ein großes Plus. Doch im Grunde ist das, was wir als das Ultimative ansehen, nur die Basis. Oft genug ändert es nicht viel an der unterschwellig vorhandenen Grundhaltung, dass es irgendwann im Alter doch abwärtsgehen wird. Das versucht man, so lange es geht, hinauszuzögern.

Doch einen zu erwartenden Niedergang hinauszögern zu wollen, hat wenig damit zu tun, weiter wachsen und sich entfalten zu wollen. Es sind einander entgegengesetzte Pole, die unser Denken und unsere Aufmerksamkeit – und damit unser Leben – in unterschiedliche Richtungen ziehen.

Ich betone dies deswegen so ausdrücklich, weil es sehr wichtig ist, diesen fundamentalen Unterschied in der Ausrichtung unseres Denkens zu verstehen: Nur etwas Negativem vorbeugen zu wollen, kommt einer "Schadensbegrenzung" gleich. Das aber ist kein Synonym für eine positive Sicht.

Alter als Möglichkeit zur Entfaltung anzusehen, verlangt mehr als nur "reparierende Maßnahmen". Es verlangt eine grundsätzlich andere Sichtweise. Diese setzt ein anderes Denken voraus: ein Denken, das sich von üblichen Vorstellungen löst und es wagt, gängige Parameter auf den Kopf zu stellen.

Der italienische Arzt und Psychotherapeut Vittorio Caprioglio fasst in einem Satz zusammen, worin diese Umkehrung im Denken besteht: "Du nennst es Altern", schreibt er, "statt dessen ist es Expansion! Es ist kein Niedergang, sondern Gipfel, Vollendung, Höhepunkt."

Entfaltung statt Beschränkung, Zugewinn statt Verlust, LEBEN statt Resignation.

Eine anders ausgerichtete Denkweise kann uns weit über das bloße Fitsein hinausführen. Die Parole sollte somit nicht nur heißen: fit im Alter. Sie sollte um Elemente erweitert werden, die mit positiven Einstellungen, mit Denk- und Lebensweisen zu tun haben. Fit, frech, fröhlich und frei, das wäre eine ganzheitlichere Maxime, mit der wir Platz in unserem Denken schaffen für die vielen ungeahnten Möglichkeiten, die es – über das Fitnesscenter hinaus – sonst noch gibt.

Dann erst sind wir bei einem Bild vom Alter, das kein "Bild" mehr ist, weil es keine Norm mehr gibt für das Alter, weil es dann für jeden komplett anders aussehen kann. Wir alle können da hinkommen, wenn wir es wollen, das heißt: wenn wir es uns wirklich als Ziel setzen.

Wie für alle Ziele gibt es auch hier einen Weg und einen Plan, der uns dahin führen kann. Dieses Buch ist der erste Schritt dazu.

―――― • ――――

Lemming oder Königstiger – was wollen wir sein, wenn es um das Alter geht?

Ein wesentliches Element für eine andere Sicht von Alter, von dem viel zu wenig gesprochen wird, ist die Sicht vom Leben als einem Kontinuum.

Was ist mit so einem "Lebenskontinuum" gemeint? Und warum ist es wert, sich damit zu befassen? Kontinuum ist das Gegenteil von Zäsur. Es lenkt unseren Blick weg vom "Alter" als einem separaten und relativ unerwünschten, wenn auch unvermeidlichen Phänomen der Zukunft. Es bringt uns zurück zu uns selbst, zu unserer ureigenen Identität.

Lebenskontinuum ist so etwas wie der rote Faden in unserem Leben. Je mehr wir diesen roten Faden sehen, erkennen und aktiv leben, umso weniger brauchen wir das "Alter" zu fürchten, weil dies sekundär für uns werden wird.

Es geht dann viel weniger darum, was man "im Alter" oder "nach der Rente" macht, als darum, wer man in jedem Moment seines Lebens ist und wie man sich im Leben als Ganzheit verwirklicht – von jetzt bis dann. Ein fließendes Kontinuum. Oder auch: der bewusst wahrgenommene Fluss des Lebens.

Runzeln Sie die Stirn? Macht sich Widerspruch sprungbereit? In Ordnung, aber warten Sie ein bisschen, vielleicht verstehen Sie das, was ich meine, nach einigen Seiten dieses Buches besser. Widersprechen können Sie dann immer noch.

Lemming oder Königstiger – warum diese seltsame Überschrift? Sie brauchen nur kurz in sich hineinzuhören, dann wissen Sie einen Teil der Antwort selbst. Lemminge sind dafür bekannt, dass sie der Masse hinterherlaufen. Wo diese manchmal endet, ist ebenfalls bekannt: Sie stürzen oft alle zusammen in den Tod. Wissenschaftler meinen zwar, dass die Geschichte vom Selbstmord der Lemminge eine Mär sei, doch das soll hier keine Rolle spielen. Es reicht für unser Beispiel, dass ein Lemming zu einem bestimmten Anlass der Masse folgt.

Seien Sie kein Lemming, was das Alter angeht!
Folgen Sie nicht gängigen Meinungen, nur weil alle anderen diese für "normal" halten. Werden Sie, was die Vorstellungen von "Alter" angeht, zum Königstiger oder meinetwegen auch

zum Adler oder Löwen: Hauptsache ein stolzes, selbstbe-
wusstes Wesen, das nicht der Masse folgt.

Orientieren Sie sich an Menschen, die das Alter gemeistert
haben, weil sie es nicht als einen abgespaltenen Teil ihres Lebens behandelten, weil sie sich selbst lebten, ihre Ideale, ihre
Träume, ihre Talente. Je früher Sie auf die Suche gehen nach
den Spuren des in Ihnen selbst angelegten Glücks – das iden-
tisch ist mit dem, was Sie *wirklich* sind –, umso glücklicher
wird die vor Ihnen liegende Lebensphase sein.

In meinem Buch *Leben wagen bis ins hohe Alter* habe ich
unzählige Beispiele von Menschen zusammengetragen, die
als Vorbild dienen können, indem sie zeigen und beweisen,
was alles möglich ist. Aus diesen Beispielen im Basiswerk
habe ich für die Zwecke des vorliegenden Buches einige besonders aussagekräftige ausgesucht. Was diese Beispiele Ihnen
zeigen, werden Sie vielleicht heute noch für unmöglich halten.
Das aber kann sich bald schon ändern, wenn Sie sich zielstrebig
auf den Weg machen.

Der vorliegende Band ist sozusagen der erste Schritt hin zu
einer neuen Sicht von Alter. Er öffnet den Blick auf das, was
möglich ist, und zeigt Ihnen, wie Sie da hinkommen können.
Hier erfahren Sie, was andere Menschen selbst im hohen
Alter vollbracht haben, und Sie werden gezielt ermutigt und
dazu angeleitet, es ihnen nachzutun.

Dieses Buch ist Teil eines geplanten Lebenshilfe- oder auch
Ratgeber-Trios. Zwei weitere Bände, die ich in der Folge he-
rausbringen möchte, werden den hier begonnenen Prozess

weiterführen. Es geht dabei zum einen um Kreativität, mit der man das gedankliche, innerliche "Jungsein" üben kann, zum anderen darum, gesellschaftlichen Einfluss auszuüben, um das Bild vom Alter generell zu ändern.

Wie es zu diesem Buch kam

Dieses Buch läuft unter der Kategorie "Ratgeber" oder auch "Übungsbuch". Warum ein "Übungsbuch" zum Alter? Was sollte man im Hinblick auf Alter "üben" wollen? Die Antwort ist einfach: Wenn wir ein spannenderes Alter wollen, müssen wir etwas dafür tun – vor allem und zuallererst: uns in einer anderen Denkweise üben.

Wenn Sie heute 40, 50 oder 60 Jahre alt sind, dann haben Sie mindestens über 30, 40 oder 50 Jahre hinweg so ziemlich das Gegenteil von dem gehört, was die außergewöhnlichen Alten in diesem Buch Ihnen zeigen werden. Von klein auf haben Sie einschlägige Redensarten oder Witze zum Alter gehört, sollten Rätsel lösen vom "Wesen auf drei Beinen". Ihnen wurde gesagt: "Störe die Oma nicht, die braucht ihre Ruhe." Oder: "Lass den Opa, der kann nicht mehr so gut."
Als junger Mensch wurde Ihnen dann eingetrichtert, dass Sie mit Versicherungen aller Art der drohenden Berufsunfähigkeit mit 50 oder der Rentenarmut mit 70 vorbeugen müssen.
Später im Beruf hören Sie resignierte Freunde, die sagen: "Mit vierzig ist es eh aus, da kommt nichts mehr." Oder weniger gutmeinende Kollegen flüstern Ihnen zu: "Der mit

seinen 55, der bringt's nicht mehr, wenn man so alt ist, sollte man gehen."

Die Liste der negativ geprägten Worte und Gedanken zum Alter, die Ihr ganzes Leben lang auf Sie eingewirkt haben und in Sie gedrungen sind, ohne dass Sie darum gebeten hätten, ließe sich endlos fortsetzen. Vieles davon haben Sie am Ende selbst übernommen, ohne bewusst darüber nachzudenken oder es gar infrage zu stellen. So denken auch Sie heute vielleicht mit vierzig: 'Dafür bin ich zu alt.' Oder mit fünfzig: 'Aha, da sind schon die ersten Alterswehwehchen.'

Von Sicht- und Lebensweisen, die tief in einem verankert sind, kann man sich nicht so ohne Weiteres lossagen, auch dann nicht, wenn man es gern möchte. Ganz so wie der Spruch, der besagt: "Gewohnheiten kann man nicht zum Fenster hinauswerfen, man muss sie langsam die Treppe herunterlocken." Auch "gängiges Denken" ist eine Gewohnheit.

All das, was sich an Vorstellungen über Jahre und Jahrzehnte in einem festgesetzt hat, kann man auch nicht durch das bloße Lesen eines Buches auslöschen, so überzeugend und spannend dieses auch sein mag. Man muss mehr investieren, um das alte Denken loszuwerden und es durch ein neues ersetzen zu können.

Als ich damals an meinem Buch *Leben wagen bis ins hohe Alter* schrieb, fragte mich bereits der eine oder andere, ob es in dem Buch auch "Übungen" geben werde. Ich verneinte. Ich wollte auf keinen Fall einen Ratgeber schreiben. Und ich tat es nicht. Was ich mit meinem ersten Buch zum Thema

19

Alter wollte, war, großartigen und mutigen alten Menschen ein Denkmal zu setzen. Hierfür zog ich bei der Recherche die unterste Grenze des zu berücksichtigenden Alters bei 80 Jahren, um der breiten und mehr als skeptischen Öffentlichkeit schlagkräftig zu beweisen, dass die negative Sicht vom Alter definitiv ein Vorurteil ist. Wenn selbst 80-, 90- oder 100-Jährige ein Unternehmen führen, ein Studium absolvieren, heiraten, bei Talentshows auftreten oder sich sportlichen Wettkämpfen stellen, wie stichhaltig kann dann noch die Vorstellung sein, dass es ab 60 zwingend abwärtsgeht und alte Menschen somit nur noch passive Konsumierer sein können oder gar nur eine Last für die Gesellschaft? Gleichzeitig wollte ich den Lesern die Palette all dessen aufzeigen, was im Alter möglich ist, und jeden Einzelnen dazu ermutigen, diese Möglichkeiten für sich selbst zu leben.

In vielen Gesprächen, die ich später mit Lesern des Buches führte, merkte ich dann, dass ein "Übungsbuch" vor allem jenen nützlich sein würde, die tatsächlich daran glauben, dass es eine andere Art von Alter geben kann, und die ernsthaft darauf hinarbeiten wollen.

Das brachte mich letztlich dazu, doch einen Ratgeber zu schreiben. Angelehnt an meine zwanzigjährige Erfahrung als Beraterin internationaler Projektarbeit begann ich also ein Konzept zu entwickeln für drei aufeinander aufbauende Übungsbücher, wie bereits weiter oben erwähnt.

Leben wagen bis ins hohe Alter ist also so etwas wie das Basiswerk zum Thema, dass den Grundsatzdiskurs in der Breite führt. Während in dem Basiswerk die Recherche und der Nachweis zu den Potenzialen im Alter im Mittelpunkt standen, sind es hier nun die spezifische Abhandlung von Kerneigenschaften für ein inspiriertes, dynamisches Alter und die praktische Arbeit damit. Die personalisierten Übungen sind das Herzstück des vorliegenden Buches.

Wie Sie mit diesem Buch arbeiten können

Um es gleich vorwegzunehmen: Nein, Sie müssen nicht damit arbeiten, wenn Sie es nicht wollen. Sie können die außergewöhnlichen Beispiele auch einfach nur lesen und sich daran erfreuen. Auch das wird Ihnen nützen. Wenn Ihnen aber daran gelegen ist, sich persönlich und ganz konkret ein spannendes Zukunftsszenario zu eröffnen, das bereits jetzt seinen Anfang nehmen kann, dann nutzen Sie das Buch als Arbeitsbuch.

Das Buch unterteilt sich in zwei große Abschnitte. Der erste Teil mit dem Titel *Stellen wir unser Denken zum Alter auf den Kopf* hat zum Ziel, Sie von den negativen Vorstellungen zum Alter wegzuholen. Diese negativen Stereotypen – Alter bedeutet Krankheit, Einsamkeit, geistig nachlassende Kräfte, Verlust an Attraktivität – muss man zuerst in seinem Denken beseitigen, bevor man darangehen kann, sich auf Wachstum und Entfaltung einzustellen. Im zweiten Teil des Buches, unter dem Titel *Zukunft bewusst gestalten und erweitern*, geht es um gezielte konstruktive Aufbauarbeit: um den roten Faden unserer Identität, um junges Denken, um das, was bewusste Entfaltung bringt, um Kreativität, Engagement, Spiritualität.

In beiden Abschnitten werden die Kapitel jeweils mit dem Beispiel eines Mannes oder einer Frau eingeführt, die ihr Alter auf außergewöhnliche Weise leben oder lebten, indem sie sich negativen Vorstellungen widersetzten und aktiv weit über die gängige Vorstellung von Leben im Alter hinausgehen.

Die Beispiele sind aus den unterschiedlichsten Lebensbereichen zusammengestellt und stammen, wie bereits gesagt, zum Großteil aus dem Basiswerk *Leben wagen bis ins hohe Alter.*
Der Grundgedanke dabei ist, *eine* zentrale Person vorzustellen, anhand deren Beispiel eine Kerneigenschaft für ein spannendes, glückliches Alter zu erkennen ist, und diese Thematik im jeweiligen Kapitel zu bearbeiten.

Die Idee, die dem zugrunde liegt, ist, dass man im Prinzip nicht mehr als ein Vorbild braucht, wenn man ernsthaft etwas erreichen will. Ich folge damit der Harvardprofessorin Ellen Langer und ihrer *Psychologie des Möglichen* (*The Psychology of Possibility*). Sie vertritt die These, dass es genüge, wenn ein einziges Subjekt – hier also ein einziger Mensch – etwas beweist, um zu zeigen, dass etwas möglich ist. Beim neuen Denken zum Alter geht es genau darum: zu erkennen, was *möglich* ist, und daraus abzuleiten, was auch für uns möglich sein kann.

Um einzelne Aspekte der jeweiligen zentralen Thematik zu untermalen oder zu verstärken, werde ich immer wieder auch kurz ein paar kleine, zusätzliche Beispiele anführen. Generell aber ist es nicht Sinn und Zweck dieses Übungsbuches, Argumente durch eine Vielzahl von Beispielen zu belegen. Wenn Sie dennoch während des Lesens oder während des Arbeitens mit diesem Übungsbuch das Empfinden haben sollten, dass

Ihnen die angeführten Beispiele nicht genügen oder dass die entsprechenden Ausführungen für Sie nicht breit genug ausfallen, dann lade ich Sie dazu ein, das Basiswerk *Leben wagen bis ins hohe Alter* zu lesen. Dieses ist dreimal so umfangreich wie das vorliegende Buch, und Sie werden darin eine Vielzahl von Beispielen finden wie auch akribisch belegte Fakten zu allen erdenklichen Bereichen und Einzelthematiken.

Nachdem also die Kerneigenschaften für ein inspiriertes, dynamisches Alter aus jedem dieser Beispiele herausgeschält wurden, geben die darauffolgenden Überlegungen und Ausführungen Anhaltspunkte dazu, wie Sie diese Eigenschaften bei sich selbst entwickeln oder fördern können.

Im anschließenden Übungsteil haben Sie dann Gelegenheit, diesen Erkenntnissen ganz praktisch und auf sich bezogen nachzuspüren. Diese Übungen sollen dazu dienen, Sie schrittweise wegzuführen von dem, was in der Gesellschaft und in uns selbst als Bild vom Alter gespeichert ist. Sie sollen Ihnen helfen, ein gewandeltes, positiveres Bild zu entwickeln. Die Logik dabei ist: blockierende Denkmuster aufdecken, ihnen im gelebten Alltag nachspüren, sie sukzessive durch positive ersetzen.

Ansichten, Überzeugungen und Glaubensvorstellungen, die tief in uns verankert sind, wird man nicht durch eine einzelne Übung los. Insofern ist es gut, wenn Sie sich mit diesen Übungen Zeit lassen, öfter darüber nachdenken, sie länger auf sich wirken lassen, sie in sich einsinken lassen. Das könnte zum Beispiel im ersten Anlauf für eine solche Übung der Zeitraum einer Woche sein, in dem Sie sich immer wieder zwanglos zwischendurch, in ruhigen Momenten oder vielleicht

vor dem Schlafengehen kurz an das Thema der Übung erinnern. Sollte Ihnen die Zielsetzung einer Übung geläufig sein
und Sie haben den Eindruck, dass Sie das Thema bereits be-
herrschen, dann überspringen Sie diese einfach.

Im "Notizzettel" am Ende eines jeden Beispiels können Sie
Ihre Gedanken aufschreiben über das, was Sie gelesen und
erfahren haben, zu dem, was Ihnen dabei durch den Kopf
gegangen ist. Dies ist wichtig, weil dadurch das Gelesene
nicht nur theoretisches Wissen bleibt, das von außen an Sie
herangetragen wurde. Durch Ihre eigenen Notizen hierzu
wird es zu etwas, das aus Ihnen kommt, das zu Ihnen gehört,
das konkret in Ihr Leben einfließt.

Schreiben Sie zuerst Ihre Gedanken ganz diffus auf, so wie sie
kommen, unsortiert, unzensiert. Danach überlegen Sie, ob es
etwas gibt, das Sie sich daraus ganz konkret für jetzt oder für
später vorstellen könnten. Sie können sich so zu jedem Beispiel
etwas vornehmen und dann am Ende des Buches aus all Ihren
Ideen auswählen, was Sie davon umsetzen möchten.

Über die zwölf Kapitel hinweg wird Ihnen wahrscheinlich das
eine Thema interessanter erscheinen als das andere, wird die
eine Übung sie mehr ansprechen als drei folgende. Gestatten
Sie sich diese Präferenzen, Sie müssen nichts sklavisch befolgen.
Nehmen Sie in einem solchen Fall das, was Sie gerade anspricht,
wo Sie merken: Da schwingt etwas in mir, eine Resonanz auf
die Frage, auf das Thema – und arbeiten Sie intensiver damit.
Zwar sind die Beispiele und Übungen einer gewissen Logik
gemäß aufgebaut, aber Entdeckungen macht man nicht nur,
indem man der Logik folgt. Auch das kreative Chaos bringt

einen weiter, gelegentlich bringt es einen sogar sicherer ans Ziel als die logische Ordnung.

Es geht bei jedem Beispiel, wie beim gesamten Buch als solchem, darum, was Sie davon für sich anwenden können, was Ihnen weiterhilft, um zu einem spannenden, dynamischen Bild Ihres eigenen späteren Alters zu gelangen. Was ist wichtig für Sie? Was könnte zu Ihren individuellen Fähigkeiten passen, zu Ihrem ganz persönlichen Lebensweg? Was könnten Sie "nachmachen" und inwieweit?

Dabei gibt es keinerlei Vorgaben, es gibt kein Richtig und kein Falsch. Wichtig ist nur Ihre eigene Auseinandersetzung mit dem jeweiligen Beispiel und den Ausführungen dazu und dass Sie sich etwas davon auf sich selbst bezogen vorstellen. Das einzige "Muss": Es soll Sie *weiterführen*.

Wichtig ist auch, dass Sie die Arbeit zu den jeweiligen Kapiteln auf keinen Fall im Negativen enden lassen. Eine ganz kleine, moderate Idee am Ende ist auf jeden Fall besser, als umzublättern und zu sagen: "Das, was da steht, würde ich sowieso nie schaffen."

Für das ganze Buch gibt es insofern drei wesentliche Merksätze: sich zu jedem Kapitel konkret etwas vornehmen, stets im Positiven verbleiben und ruhig Vorlieben entwickeln.

Das Buch endet auch nicht mit der Lektüre und damit, dass Sie alle Übungen durchgeführt haben. Das Wesentliche wird am Ende sein, was Sie sich persönlich und ganz konkret daraus vornehmen. Am Ende kommt also die Zusammenschau aus all den Ideen, die Sie sich während der Lektüre notiert haben: Ihr ganz persönliches Spektrum an Zielen und Vorhaben. Aus diesen wählen Sie dann aus, was Ihnen interessant, wichtig oder vorrangig erscheint, prüfen Ihre Auswahl auf Machbarkeit und setzen Ihre Ideen um.

Wenn Sie da angelangt sind, haben Sie einen riesengroßen Schritt nach vorn getan. Nun wird Ihr Bild vom Alter – von Ihrem Alter – ein anderes sein: eines, auf das Sie neugierig geworden sind und worauf Sie vielleicht schon beginnen, Lust zu verspüren.

Hinweis

Alle Aussagen zu den in diesem Buch genannten Personen beziehen sich auf das im jeweiligen Beispiel genannte Alter, also auf den Zeitpunkt, da ich diese Person interviewte bzw. zum letzten Mal etwas von ihr erfahren habe, oder auf den Zeitpunkt, da in den Medien aktuell über sie berichtet wurde. Eine Reihe der hier beschriebenen Personen ist bereits verstorben oder einige werden – angesichts ihres hohen Alters – möglicherweise verstorben sein, wenn Sie dieses Buch lesen. Ich war jedoch der Meinung, dass dies unerheblich ist, da es um das geht, was sie uns zur Ermutigung vormachen oder vorgemacht haben, was sie uns sozusagen als Vermächtnis hinterlassen. Wir finden ja auch Aussagen von Sokrates inspirierend, lesen Bücher von Hemingway, hören Musik von Mozart und bewundern Kunst von Picasso, die allesamt nicht mehr unter uns weilen.

Stellen wir unser Denken zum Alter auf den Kopf

———•———

Der amerikanische Tiefenpsychologe James Hillman hat einmal eine interessante Aussage über das Alter gemacht. "Die Hauptkrankheit des Alters", so sagte er, "ist die *Vorstellung*, die wir davon haben."

Bevor wir uns daranmachen, beeindruckende Menschen und deren wunderbar gelebtes Alter als konkretes Vorbild für uns zu nehmen, sollten wir also kurz auf die Prämisse schauen, von der wir ausgehen. Die meisten von uns sind durch ein Bild vom Alter geprägt, das uns Eltern, Familie, das soziale Umfeld und die Gesellschaft als solche vermittelt und eingeimpft haben. Dieses Bild entspricht herkömmlichen Stereotypen. Es ist für uns so selbstverständlich geworden, dass kaum jemand es infrage stellt.

Die Grundannahme ist die, dass es im Alter *auf jeden Fall* abwärtsgeht. Das zeigt sich, so meinen wir, insbesondere daran, dass der Organismus zunehmend abbaut und verfällt. Die Vorstellung davon, dass Körper und Geist mit zunehmendem Alter "automatisch verfallen", bedeutet zwangsweise,

27

dass es für Lernen, Wagen, Schaffen, Lieben – also für freudiges, aktives LEBEN – ebenfalls eine Art "Verfallsdatum" gibt, dass es ab einem bestimmten Zeitpunkt für viele Dinge "zu spät" sei.

Die Menschen, um die es in der Folge geht, stellen diese Annahmen und Vorstellungen auf den Kopf. Ich wünsche mir, dass auch Sie – durch diese Beispiele und die Übungen inspiriert – das Alter eines Tages so sehen und so leben können wie diese außerordentlichen Männer und Frauen. Wagen auch Sie es, anhand dieser wunderbaren Vorbilder, die Sichtweise von Alter auf den Kopf zu stellen, oder lassen Sie wenigstens zu, dass die herkömmliche Sicht gründlich ins Wanken gerät.

Krank in der Jugend, fit im Alter?
Es ist möglich.

———•———

Mit 91 Jahren auf den Fujiyama –
Hulda Crooks

Ich beginne mit Hulda Crooks – nicht, weil es der spektakulärste Fall ist, sondern weil mich zwei Dinge in ganz besonderer Weise mit diesem Lebensbeispiel verbinden.

Das Erste, das ich auch in meinem Buch *Leben wagen bis ins hohe Alter* gleich im Vorwort erwähne, ist, dass mit Hulda Crooks alles begann. Sie war die erste Person in sehr hohem Alter, die ich entdeckte und die in meinen Augen Unglaubliches vollbracht hat: Sie bestieg mit 91 Jahren den Fujiyama. Das war 1987, ich war damals 35 Jahre alt. Danach hat mich das Thema nie mehr losgelassen – wie Sie sehen bis heute nicht.

Das Zweite, was mich mit ihr verbindet, ist der Kommentar eines österreichischen Autors, der mir Folgendes schrieb: "Eine besondere Lehre aus dem Buch *Leben wagen bis ins hohe Alter* für mich persönlich: Wenn andere als 95-Jährige rekordverdächtig auf Bergen herumkraxeln, dann habe ich (bei meinem jetzigen Lebensstil) gute Aussichten, mit 95 wenigstens selber gemütlich zu Fuß einkaufen gehen zu können!" Die Anpassung idealer Vorbilder an die eigenen Möglichkeiten, das war es, was schließlich zur tragenden Grundidee des vorliegenden Buches wurde.

Die Amerikanerin Hulda Crooks war, als sie den Fujiyama bestieg, die älteste Frau, die jemals diesen Berg bezwungen hatte. Zwischen ihrem 81. und dem 90. Lebensjahr bestieg sie insgesamt 97 Gipfel, darunter auch gute zwei Dutzend Mal den Viertausender Mount Whitney.

Was ist das Besondere an Hulda Crooks? Vermutlich würden Sie antworten: "Das ist offensichtlich, eine 91-Jährige, die einen Viertausender besteigt, ist bereits etwas Besonderes."

Das ist richtig, doch das wahrhaft Besondere an ihr ist etwas anderes. Es ist die Tatsache, dass sie als junge Frau ausgesprochen unsportlich war und dass sie das Bergsteigen erst mit 65 Jahren begann.

Stark übergewichtig, mit 16 Jahren wog sie schon über 70 kg, und dauernd krank – das war Hulda Crooks in ihren jungen Jahren. Als sie mit Anfang dreißig erkannte, dass sie bereits ein physisches Wrack war, begann sie entschlossen damit, ihre Ernährung umzustellen. Danach entdeckte sie, dass gesunde Ernährung allein nicht reicht, dass körperliche Aktivitäten genauso wichtig sind. Sie begann, spazieren zu gehen und zu wandern, das Treppensteigen wurde ihr zur Gewohnheit.

Viel später erst, als sie im landläufigen Sinn bereits "alt" war, entdeckte sie das Bergsteigen. Mit 72 bestieg sie den Mount Whitney sogar zweimal innerhalb von zwei Wochen. Das Bergsteigen mit Rucksack begann sie mit 75 Jahren, auch das nicht gerade alltäglich. Sie bewältigte auch eine Vielzahl von langen Wanderstrecken und nahm an Marathons teil.

Mit 80 Jahren gab Hulda Crooks als ihr "Rezept" an: "früh zu Bett gehen und früh aufstehen, um 5:30 raus zum Joggen". Was sie niemals in ihrer Jugend gewesen war – sportlich und gesund –, sie wurde es im Alter.

Als 94-Jährige hatte sie ihren Gesundheitszustand komplett umgekehrt. Sie habe "das Herz und die Lunge eines 18-jährigen Mädchens", sagte ihr Arzt. Auch dieser gewiss ungewöhnliche Verlauf eines körperlichen Zustandes, entgegen aller üblichen Vorstellungen von Alter, ist das Besondere an Hulda Crooks.

Wozu kann Hulda Crooks uns inspirieren?

Ihr Beispiel regt zu Überlegungen an, die alle mit körperlicher Fitness und Gesundheit zu tun haben. Das ist es, worauf der Fokus in diesem Kapitel liegen wird.

Hulda Crooks zeigt uns, dass es möglich ist, in sehr hohem Alter eine solch außerordentliche körperliche Aktivität zu vollbringen wie die Besteigung eines Viertausenders. Dies sogar dann, wenn man mit einer solchen Aktivität erst sehr spät begonnen hat.

Des Weiteren beweist uns ihr Beispiel, dass es keine allgemeingültige Regel gibt, nach der ein Organismus ab einem bestimmten Alter automatisch "verfällt" – ja, dass es sogar möglich ist, den Gesundheitszustand zum Alter hin "umzukehren" und zu verbessern. Den beiden letzten Erkenntnissen werden wir uns in diesem Kapitel am intensivsten zuwenden.

Mit 91 Jahren Viertausender besteigen

Bei dem Thema dieses Kapitels wäre es bereits ein großer Schritt, wenn sie das Beispiel von Hulda Crooks in Ihrem Unterbewusstsein als etwas archivierten, was Sie zuvor (vermutlich) nicht für möglich gehalten hatten. Sie könnten sich an dieser Stelle fragen: Was mag es noch alles an derartigen Möglichkeiten geben, von denen ich bisher nichts wusste oder an die ich nicht glaubte?

Nun können Sie in Ihren Überlegungen dem österreichischen Autor folgen und sich des Weiteren fragen: Was könnte *ich* mir diesbezüglich für mein Alter vorstellen? Sie könnten ihn übertrumpfen und sich mit 70, 80 oder 90 Jahren noch Skifahren sehen, Surfen oder Sportfliegen. Oder aber Sie lassen es maßvoller angehen, so wie er, und sehen sich mit 80 "nur" gemütlich auf dem Fahrrad fahren oder mit 90 Jahren bei langen Spaziergängen mit dem Hund.

Suchen Sie sich das aus, was zu Ihnen passt und was Sie einigermaßen glauben können, denn das ist ein entscheidender Faktor: Sie werden nur das erreichen, woran Sie auch wirklich glauben. Besser also, Sie nehmen sich wenig vor und glauben fest daran, als dass Sie sich hohe Ziele setzen, dann aber jeden Tag daran zweifeln, ob es möglich sein wird, sie zu erreichen.

Vielleicht fragen Sie sich hier, was es bringen soll, sich jetzt, da Sie gerade erst 40, 50 oder 60 Jahre alt sind, vorzustellen, wie Sie als 80-Jähriger Rad fahren oder als 90-Jähriger mit dem Hund spazieren gehen? Darauf möchte ich Ihnen mit einem sehr passenden Buchtitel antworten: *Gedanken sind wirkende Kräfte*. So lautet der Titel eines Buches des bekannten Autors und Lebensberaters K. O. Schmidt, der 1972 mit dem Verdienstkreuz geehrt wurde.

Unterschätzen wir nicht die Kraft unserer Gedanken. Sie formen – heimlich, still und leise – unser Leben. Bei vielen großen Denkern, Schriftstellern und Philosophen werden Sie auf ähnliche Aussagen stoßen. "Das Glück deines Lebens hängt von der Beschaffenheit deiner Gedanken ab", das sagte schon ein großer Mann der Antike, Marc Aurel.

Diese Erkenntnis ist nicht nur für das Beispiel von Hulda Crooks bedeutend, es ist ein Grundgedanke des ganzen Buches und zeigt Ihnen, wie erfolgreich Sie damit sein werden, sich eine andere, positivere Sicht vom Alter anzueignen. Die Chance, eine positive Zukunft zu erhalten, ist wesentlich größer, wenn Sie auf diese hinarbeiten, als wenn Sie jetzt schon überzeugt davon sind, dass ohnehin nur Negatives auf Sie wartet. Entscheiden Sie sich jetzt schon für die erste Alternative.

———◆———

Es ist nie zu spät – auch nicht für sportliche Aktivitäten

Die Worte "es ist nie zu spät" werden Ihnen in diesem Buch in unterschiedlichem Zusammenhang immer wieder begegnen. Insofern sollen die Überlegungen an dieser Stelle auf rein physische Aktivitäten begrenzt werden.

Hatten Sie schon einmal daran gedacht, einen Tanzkurs zu belegen, das Schwimmabzeichen zu machen oder sich an einer Karateschule einzuschreiben, und fühlten Sie sich dafür zu alt? Gibt es andere Bereiche in Ihrem Leben, die mit körperlicher Aktivität zu tun haben, mit denen Sie geliebäugelt haben, ohne sich dazu entschließen zu können, weil Sie ja schon 45 sind oder 52 oder 65 oder 73 oder ...?

Vielleicht ist die Denkweise, sich ein einziges Beispiel zum Vorbild zu nehmen, jetzt noch etwas ungewohnt für Sie. Gern will ich weitere hinzufügen: Sehen Sie sich im Internet Fotos des 70-jährigen Bodybuilders Sam 'Sonny' Bryant an oder der 83-jährigen Triathletin Madonna Buder. Sonny begann mit dem Bodybuilding im Alter von 44 Jahren. Madonna Buder, eine Ordensfrau, bewältigte ihren ersten Triathlon gar erst mit 55 Jahren.

Sie sind schon 70? Auch für Sie habe ich etwas. John Lowe, ein pensionierter Theaterdirektor, bekam mit 80 Jahren Lust, Ballett zu erlernen. Seine erste Rolle erhielt er mit 88, heute ist er 95 und nimmt immer noch Unterricht.

Noch beeindruckender: Dr. Charles Eugster, ein Zahnarzt im Ruhestand. Er stellte mit zunehmendem Alter fest, dass seine Muskeln am Schwinden waren. So begann er mit 85 Jahren mit dem Krafttraining und ist heute, mit 94 Jahren, mehrfach dekorierter Bodybuilder. Er besitze "einen Bizepsumfang, um den ihn sicher viele 25-jährige Männer beneiden", schrieb einmal ein Journalist über ihn.

Mit 90 geht nichts mehr? Sie werden es nicht glauben: Auch dann geht noch so einiges. Vor ein paar Monaten erzählte mir die Leiterin eines Fitnessstudios, dass ein 91-Jähriger bei ihr vorstellig wurde und sich zum Training einschrieb. Sie bekam übrigens später die Anmeldung aus der Zentrale zurück mit der Anmerkung, sie habe sich beim Alter verschrieben, es müsse ja wohl 19 heißen ...

Hilda Kemp schließlich, von der im übernächsten Kapitel die Rede sein wird, war nur drei Jahre vom hundertsten Geburtstag entfernt, als sie sich zu einem Gymnastikkurs anmeldete.

Glauben Sie immer noch, dass Sie zu alt sind, um mit irgendeiner sportlichen Aktivität zu beginnen?

———•———

Der Körper kann auch in hohem Alter noch rundum gesund sein

Man kann über kaum etwas so heftig mit anderen in eine Meinungsverschiedenheit geraten wie beim Thema "normaler

35

biologischer Ablauf" im Körper. Alles nutze sich "naturgemäß" ab, so die einhellig vertretene Meinung, dies sei schließlich augenfällig.

Ist es das? Hundertprozentig? Die Antwort lautet: nein.

Hulda Crooks, die "das Herz und die Lungen eines 18-jährigen Mädchens" hatte, ist kein Einzelfall. Die 83-jährige Ruth Angelis, die viele Goldmedaillen im Laufsport angesammelt hat, hatte, laut ärztlicher Aussage, die "Blut- und Körperwerte einer 40-Jährigen". Beim sportlich sehr aktiven 86-jährigen Friedrich Thimm, der unter anderem eine Cesna fliegt, lässt der Fliegerarzt sich bei der Tauglichkeitsprüfung zu der Bemerkung hinreißen, dass diesem alten Herrn "so manch ein 50-Jähriger nicht das Wasser reichen könne". Der 104-jährigen Silat-Meisterin Inyiak Upiak Palatiang aus Sumatra wurde die Reaktionsschnelligkeit einer 30-Jährigen bescheinigt.

Menschen, die weniger Sport treiben als die genannten, sind im Alter körperlich gewiss nicht so fit wie diese. Dennoch bedeutet dies nicht auch, dass sie deswegen krank sein müssen. Die 102-jährige Connie Brown aus Wales war alles andere als sportlich. Sie hatte nur ihr ganzes Leben lang gearbeitet, stand mit 102 Jahren noch viele Stunden am Tag hinter der Theke ihrer Snack-Bar und packte Fish & Chips für ihre Kunden ein. Connie Brown war kaum je krank gewesen in ihrem Leben und erfreute sich bis zuletzt einer guten Gesundheit.

Die Essenz aus diesen Beispielen: Es gibt keine unumstößliche Gesetzmäßigkeit, wonach unser Körper *allein* auf Grund zunehmenden Alters abbaut und verfällt. Das ist, als allgemeine Aussage, schlichtweg nicht richtig.

Selbst die Wissenschaft kann nicht genau definieren, ab wann das sogenannte "Altern" des Organismus eintritt. Wissenschaftliche Definitionen hören sich dann wie folgt an: Es häufen sich im Lauf der Jahre in den Bausteinen des Lebens zufällige Schäden an, man könne aber nicht sagen, ab wann die Selbstreparaturmechanismen des Organismus damit nicht mehr fertig werden.

Offenbar schaffen Menschen wie Crooks, Thimm, Eugster oder Brown, dass ihre Selbstreparaturmechanismen länger funktionieren als bei anderen – oder auch dass diese wieder aktiviert wurden. Anders ausgedrückt: Wir haben auf jeden Fall eine Chance.

Was bedeutet diese Feststellung für Sie? Es lässt sich in einem einzigen Satz zusammenfassen: Verabschieden Sie sich von dem Glauben, dass zunehmendes Alter "immer und automatisch physischen Verfall" bedeutet. Es ist ein Irrglaube.

Dr. Charles Eugster fasste es einmal in einem Interview treffend und drastisch zusammen. Paradox sei unser "normales" Denken über Alter und Krankheit, so meinte er, da wir Gesundheit im Alter als "außergewöhnlich" ansähen. Was aber außergewöhnlich sei, das sei die Tatsache, dass es so wenig gesunde alte Menschen gebe. Muskeln könne man in jedem Alter aufbauen, meint er, nur hätten sich bisher kaum Wissenschaftler für Sport im Alter interessiert. Eugster wirbt für ein radikales Umdenken. "Mich als Vorbild zu sehen, ist absurd", sagt er. "Ich sollte der Normalfall sein."

Die Worte von Dr. Eugster erinnern mich an eine sehr skurrile Begegnung. Ich erzählte einmal einem Mann von meinem

Buch *Leben wagen bis ins hohe Alter* und davon, dass es doch eine Reihe von Menschen gebe, die im hohen Alter noch recht gesund seien. Was er darauf erwiderte, machte mich sprachlos. Menschen, die im hohen Alter gesund seien, so meinte er, hätten gewiss einen "genetischen Defekt". – Gesundheit im Alter als genetischer Defekt – eine paradoxe, extreme Ansicht. Genau besehen ist sie aber nur eine überzogene Verlängerung der gängigen Ansicht, dass Krankheit ein Synonym für Alter sei.

Insofern ist es durchaus passend, dass das Beispiel von Hulda Crooks den Anfang in diesem Buch macht, denn die Überzeugung, dass es bei jedem Menschen im Lauf der Jahre physisch unzweifelhaft "abwärtsgeht", ist so tief in uns verankert wie kaum etwas anderes.

Wir haben in dieser Hinsicht ein ganzes Arsenal an vorgefassten Meinungen im Kopf von dem, was mit zunehmendem Alter noch, und dem, was nicht mehr möglich ist. Eingeimpft wurden uns diese Meinungen von klein auf durch die Umwelt, durch das, was wir hörten, lasen, gesagt bekamen: Alter bedeutet Verfall, und das, was am schnellsten verfällt, ist der Körper.

Die meisten Menschen halten mit schier unbegreiflicher Hartnäckigkeit an der Überzeugung fest, dass *jeder* im Alter kränker wird, dass *jeder* unvermeidbar von irgendwelchen Wehwehchen geplagt werden wird.

Es erscheint wie ein Volksglaube, an dem man tunlichst nicht rütteln sollte, der mitunter sogar heftig verteidigt wird. Das erlebe ich in Gesprächen immer wieder. Positiv ausgerichtete alte Menschen erleben das Gleiche, wenn sie mit Altersgenossen dieses Thema anschneiden.

Wenn man bei Menschen ab einem bestimmten Alter auch nur ansatzweise andeutet, dass Alter nicht zwangsweise Krankheit bedeutet, beginnen die meisten, sozusagen als ersten "Beweis", damit aufzuzählen, was bei ihnen selbst nicht mehr in Ordnung ist. Dann gehen sie dazu über, dass alle in ihrem Verwandten- und Bekanntenkreis Medikamente einnähmen, um damit zu enden, dass die Wartezimmer bei den Ärzten doch ersichtlich voll seien.

Die Quintessenz der Argumentation: Jeder Mensch über 60 "hat was" und braucht Medikamente. – Nein, braucht er nicht. Das Wort "jeder" im letzten Satz darf man getrost streichen. Dass ein Wartezimmer mit 15 Stühlen "voll" ist, sagt nichts aus über all jene, die nicht darin sitzen, und wenn der Bekanntenkreis Medikamente braucht, so sagt dies etwas über die Bekannten aus, nicht aber über die gesamte Spezies Mensch.

Haben Sie die Courage, *anders* zu denken als Ihre Umwelt! Und gehen Sie am besten noch darüber hinaus.

Verabschieden Sie sich nicht nur von dem Gedanken, dass es mit Ihrer Gesundheit abwärtsgehen muss: Glauben Sie daran, dass es mit zunehmendem Alter sogar noch aufwärtsgehen kann! Selbst wenn Sie derzeit Unwohlzustände haben sollten, die Sie dem Alter zuschreiben – Sie können diese immer noch loswerden.

—•—

Man kann im Alter sogar gesünder sein als in jungen Jahren

Die Vorstellung, dass man im Alter gesünder sein kann als in jungen Jahren, geht noch entschiedener gegen das Credo vom "natürlichen Verfall". Glückwunsch also, wenn Sie diesen Abschnitt nicht gleich überspringen, weil Sie ihn als unrealistisch ansehen! Sie beweisen damit, dass Sie über eine Eigenschaft verfügen, mit der Sie bis ins hohe Alter hinein ausgesprochen jung bleiben können: die Bereitschaft, feststehende Überzeugungen infrage zu stellen.

Mit 30 Jahren war Hulda Crooks ein "gesundheitliches Wrack", wie es in Artikeln über sie heißt. Mit Einsicht und eiserner Disziplin hat sie es zu einer kompletten Umkehrung dieses Zustandes gebracht.

Genau das hat auch der bekannte Autor Lothar Boländer geschafft. Er schreibt es klar und deutlich in seinem Buch *Der 1-Minuten-Körper-Check*. Im Alter von 48 Jahren sei er "fett, kraftlos und ausgebrannt" gewesen. Er war damals unsportlich und sehr krank. Die Rückenschmerzen und Kniegelenkprobleme wurden immer unerträglicher, er konnte sich oft kaum bewegen und fühlte sich total am Ende. Er habe nicht geglaubt, so schreibt er, dass er die 50 erreichen werde. Dann aber beschloss er, ein neues Leben zu beginnen, und entwarf, zuerst nur für sich selbst, den besagten 1-Minuten-Körper-Check. Ab da wurde Lothar Boländer ein anderer Mensch. Er habe 24 Jahre geschenkt bekommen, schreibt er als 72-Jähriger.

Mit 74 legte er zum zehnten Mal die Prüfung für das goldene Sportabzeichen ab, mit 80 startete er immer noch zum Drachenfliegen, das er erst spät erlernt hat.

Wieder und wieder muss man es betonen: Alles ist möglich. Es gibt keine Gesetzmäßigkeit, die uns zu einem kontinuierlich verfallenden Organismus verdammt. Wenn Sie es schaffen, diesen weit verbreiteten und so tief sitzenden Irrglauben abzuschütteln, hätten Sie in der Tat allein dafür schon einen Orden verdient.

Mit dem Gedanken oder der Meinung, dass etwas anders sein kann, als alle oder die meisten Menschen um uns herum glauben, ist es so wie mit dem berühmten "Gegen-den-Strom-Schwimmen". Es ist mühsam, und man fühlt sich bisweilen grenzenlos allein – aber es bringt uns an die starke, lebendige Quelle, wenn wir durchhalten.

Wer weiß, vielleicht gehören Sie zu den wenigen Glückspilzen, die es an sich selbst erlebt haben, dass man im Alter gesünder sein kann als in jungen Jahren – obwohl dies vermutlich mit "Glück" wenig zu tun hat und eher für eine achtsame, sich bewusst entfaltende Lebensführung spricht. Dann wäre es gut für das Wohl aller, wenn Sie es anderen Menschen bei jeder Gelegenheit erzählten: Wir brauchen positive Bestärkung, und wir brauchen Sand im Getriebe unseres behäbigen Gewohnheitsdenkens.

Falls Sie sich jedoch schwertun damit, das hier Gesagte zu glauben, wäre es gut, wenn Sie es wenigstens so stehen lassen könnten – als etwas, das immerhin von anderen vollbracht wurde. Es könnte irgendwann einmal kostbares Gedankengut werden. Vielleicht sagt Ihnen eines Tages jemand, dass Sie "in Ihrem Alter" von nun an mit diesem oder jenem gesundheitlichen Problem werden leben müssen, und vielleicht wollen oder können Sie es nicht akzeptieren. Dann hätten Sie die Chance, sich an Menschen wie Hulda Crooks oder Lothar Boländer zu erinnern und sich zu sagen: "Vielleicht kann alles doch auch ganz anders ein."

Übung 1:

Was für ein Bild habe ich vom Alter?

Nein, hier geht es nicht darum, dass Sie in den Tiefen Ihrer Vorstellungen graben, um zu sehen, was für ein Bild Sie haben. Diese Übung ist viel schlichter.

Suchen Sie sich einen ruhigen Moment, es genügen hierzu fünf oder zehn Minuten. Schließen Sie die Augen und sehen Sie sich vor Ihrem geistigen Auge im »übernächsten« runden Alter: Wenn Sie 45 sind, sehen Sie sich als 60-Jährige(n), wenn Sie 59 sind, als 70-Jährige(n) usw.
Welches Bild formiert sich dabei als erster Impuls? Falls Sie kein Bild sehen können: Welches Gefühl haben Sie, wenn Sie sich in dieses Alter, in etwa 15 Jahren, »hineindenken«? Vielleicht fallen Ihnen dazu aber auch eher Worte oder Begriffe ein. Auch das ist o.k., Hauptsache, Sie haben etwas, womit sich bei Ihnen »60, 70, 80, ... Jahre alt« verbindet.

Danach gehen Sie höher, nehmen das nächsthöhere runde Alter – 70 statt 60, 80 statt 70 usw. – und denken oder fühlen sich auch hier jedes Mal in dieses Alter hinein. Wenn Sie wollen, können Sie sich statt des übernächsten runden Alters auch das jeweilige Alter »in zehn Jahren« ansehen. Hauptsache, Sie bekommen eine Vorstellung oder ein Gefühl davon, wie es mit steigendem Alter für Sie sein könnte.

Das, was Sie sehen, fühlen, denken, wenn Sie sich die jeweilige Alterszahl vorsagen, ist so etwas wie die in Ihnen »gespeicherte Ausgangsbasis« Ihrer Vorstellung von Alter. Wenn sie überwiegend positiv sein sollte, dann beglückwünschen Sie sich selbst: Sie gehören damit zu einer Avantgarde, zu einer vorbildlichen Minderheit.

Sollten die Impulse eher negativ gefärbt sein, dann denken Sie eine kleine Weile darüber nach, warum dies so ist. Da Sie selbst dieses nächsthöhere Alter ja noch nicht erlebt haben, können Sie das Bild davon nur von irgendjemandem oder irgendetwas »entliehen« haben. Wer oder was hat hauptsächlich zu diesem Bild beigetragen? Das vorgelebte Alter der Eltern oder Großeltern? Das, was man über das Alter hört, liest, was man »eben so weiß«? Das, was der Arzt Ihnen sagt oder die Kollegen auf der Arbeit? Oder leiten Sie es davon ab, dass Sie, bildlich gesprochen, heute weniger fit sind als gestern und dass Sie meinen, das sei das normale Zeichen dafür, dass es immer weiter abwärtsgehe?

Es geht bei diesen Überlegungen nicht um Wertung oder Bewertung. Wichtig ist nur, dass Sie sich dessen bewusst werden: Das negativ gefärbte Bild, das Sie vom Alter haben, ist auf jeden Fall ein fremdes, ein imaginäres – eines, das Sie übernommen haben.

Der brillanteste Wissenschaftler und der hervorragendste Geriatrieprofessor können Ihnen zum heutigen Zeitpunkt nicht beweisen, dass Ihnen mit 60, 70 oder 80 dieses oder jenes »Verfallssymptom« sicher sein wird. Niemand kann das. Auch wenn Statistiken Ihnen sagen, »80 Prozent der Menschen im Alter von 70 Jahren leiden an der oder jener Krankheit« oder »25 Prozent der über 80-Jährigen sind pflegebedürftig« – niemand kann sagen, dass *Sie* zu diesen 80 oder 25 Prozent gehören werden.

Und hier schon als positive Vorschau: Sie selbst können enorm viel dazu tun, dass Sie *nicht* dazugehören werden.

Übung 2:

Ach ja, man wird älter!

Kommt Ihnen der Satz bekannt vor? Sicher haben Sie ihn schon tausendmal gehört oder gar selbst gesagt. Meistens fällt dieser Ausspruch, wenn es irgendwo wehtut oder wenn wir etwas nicht schaffen, von dem wir meinen, dass es uns »früher« viel besser von der Hand ging. ›Es ist ja auch so!‹, werden Sie vermutlich denken. Ist es das wirklich? Immer? Ich behaupte, dieser Satz entspricht genau dem Glauben an den physischen Verfall, von dem im vorherigen Kapitel so ausführlich die Rede war.

Vergleichen Sie selbst: Wenn man zwanzig ist und eines Morgens mit Kreuzschmerzen erwacht, ist der erste Gedanke: »Was habe ich gestern gemacht, dass ich solche Kreuzschmerzen habe?« Und bald erinnert man sich an die schwere Kiste, die man aus dem Keller hochgetragen hat. Wenn Sie nun aber 40 sind oder 50, und Sie erwachen am Morgen mit Kreuzschmerzen, was wird dann wohl Ihr erster Gedanke sein? Genau. ›Ach ja, ich werde älter.‹

Anders ausgedrückt, ab einem bestimmten Alter sind wir – unserer Überzeugung vom Abbau vorauseilend – so sicher, dass alles, was uns zustößt, dem nahenden Alter zuzuschreiben ist, dass wir darauf verzichten, danach zu forschen, ob das Problem nicht auch eine andere Ursache haben könnte.

Ich teile aus vollster Überzeugung den Ausspruch von Georg Christoph Lichtenberg: »Nichts macht schneller alt als der immer vorschwebende Gedanke, dass man älter wird.« Damit wir uns auch hier richtig verstehen: Das Bewusstsein von »älter werden« *für sich allein genommen*, das ist nicht das Problem. Das, womit wir dieses Älterwerden *verknüpfen*, ist das Problem. Man muss dazu ein Wort in Lichtenbergs Satz ergänzen oder »sichtbar« werden lassen: »Nichts macht schneller alt als der immer vorschwebende *negative* Gedanke, dass man älter wird.« Der Gedanke von »Abbau« ist das, worum es hier geht.

Insofern würde es sich für Sie vielleicht lohnen, sich für die folgende Übung, sagen wir, einen Monat lang zu beobachten (je nachdem, wie oft Sie Ähnliches denken, kann der Zeitraum auch kürzer oder länger sein). Registrieren Sie jede Situation, in der Sie dazu neigen, genau das zu denken: ›Das ist so, weil ich älter werde.‹

Setzen Sie sich dann in Intervallen und für Sie passenden Momenten hin und denken Sie sich etwas tiefer in die jeweiligen Situationen hinein: Gab oder gibt es wirklich keine andere Erklärung? Sie haben beim Autofahren nicht schnell genug reagiert? Könnte es sein, dass Sie nur müde waren oder in Gedanken bei etwas ganz anderem? Sie schnaufen mit der Einkaufstüte die Treppen hoch? Das Alter oder schlichtweg zu wenig Sport? Es würde mich sehr wundern, wenn Sie nicht in vielen Fällen auch andere mögliche Gründe entdeckten.

Und wenn Sie solche Gründe entdeckt haben, könnte ein weiterer Schritt darin bestehen, Vorkehrungen zu treffen, damit aus den »Warnzeichen« nicht eines Tages doch irreversible Schäden werden, die Ihnen dann im Alter zum ständigen Begleiter werden.

Der persönliche Notizzettel

Was können Sie von Hulda Crooks sowie aus diesem Kapitel für sich persönlich mitnehmen?

Hier haben Sie Platz, um das zu notieren, was Ihnen durch den Kopf gegangen ist, während Sie dieses Kapitel gelesen haben. Wozu hat Hulda Crooks Sie persönlich inspiriert? Was fanden Sie an den Ausführungen zu Ihrem Beispiel besonders interessant oder wert, es sich zu merken?

Ein paar kurze persönliche Notizen an dieser Stelle sind besonders für jene wichtig, die die Übungen nicht, noch nicht oder nur summarisch gemacht haben. Für jene, die die Übungen gemacht haben, wäre es die Gelegenheit, sich hier einen Rahmen dazu zu geben: das inspirierende, fremde Beispiel auf der einen Seite, das ganz persönliche Ergebnis auf der anderen Seite.

Was hat dieses Beispiel mir persönlich gesagt?

_____

_____

_____

_____

_____

Was könnte ich mir konkret vornehmen?

_____

_____

_____

_____

_____

Sich vom »Krankheitsdenken« nicht vereinnahmen lassen

————•————

»Nicht so viel über Krankheiten reden!« –
Dr. Hermann Pünder, 90 Jahre

Dr. Hermann Pünder passt gut zu Hulda Crooks, obwohl er keine 4000er-Gipfel besteigt und sich auch sonst in sportlicher Hinsicht nicht besonders hervortut. Doch halt, etwas führte auch bei ihm dazu, dass er mit sportlicher Betätigung Aufsehen erregte: Dr. Pünder begann mit 60 Jahren Golf zu spielen. Anders als man glauben mag, scheint das Golfspielen heutzutage kein "Altherrensport" zu sein. Es wird, so Dr. Pünder, von der Altersgruppe der 30- bis 40-Jährigen dominiert. Wie er "in seinem Alter" dazu komme, Golf spielen zu wollen, war der Tenor etlicher Kommentare. Auch wenn man sich darüber wundern kann, wie wenig es doch bedarf, um die Aktivität eines knapp Sechzigjährigen zu kritisieren: Das Golfspielen soll hier nicht im Vordergrund stehen.

Etwas ganz anderes erscheint bei Dr. Pünder, Augenarzt im Ruhestand, viel interessanter: seine Einstellung zu Krankheit. Er ist der Meinung, dass zu viel über Krankheiten geredet wird:

"Meine Altersgenossen reden ununterbrochen über Krankheit. Es gibt dann Menschen, die darauf eingehen, die sich riesig freuen, wenn andere sie anrufen und ihnen von ihren Krankheiten berichten. Sie bemitleiden diese dann ausgiebig. Wenn man aber positiv ist, das wollen sie gar nicht hören."

Sein Blick auf dieses Phänomen ist die Sicht eines positiv ausgerichteten Menschen. Wenn er etwas in seinem Umfeld oder in der Gesellschaft ändern könnte, dann wäre dies, Menschen dazu zu bringen, nicht zu viel an Krankheiten zu denken und darüber zu sprechen. Das ständige Reden über Krankheiten zentriere die Menschen auf sich selbst, meint er. Es mache sie ichbezogen, alles drehe sich dann nur noch um sie und ihre Krankheit. Damit gehe der Blick für das Schöne im Leben verloren.

Das Leben aktiv leben und mit Freude jeden Tag neu entdecken – eine der Möglichkeiten, Krankheiten anders zu sehen. Hermann Pünder sieht es nicht etwa so, weil er selbst von Krankheiten verschont geblieben ist. Es gibt einige nicht unerhebliche Krankheitsgeschichten bei ihm wie auch bei seiner Frau. Doch unerschütterlich bleibt er bei seinem Motto: Nicht klagen, nicht rückwärts schauen, das Leben positiv sehen.

Optimismus und Pessimismus, darin liege wohl auch der Unterschied zwischen Jung und Alt, so meint er: "Das Denken macht den Unterschied. Junge Menschen denken weniger negativ. Sie riskieren auch mehr. Wenn ich mit über 80 Jahren eine dreitägige Radtour von 150 Kilometern mache, kann ich vorher darüber nachdenken, was da so alles passieren kann, wie gefährlich es ist. Und dann werde ich es sein lassen. Man sollte aber nicht immer gleich an alles Negative denken, sondern positives Denken im Täglichen praktizieren."

Mit 90 stürzte Hermann Pünder tatsächlich einmal mit dem Rad und zog sich einen Sehnenriss zu, der mehrfach operiert werden musste. Sein Kommentar? "Ich habe so einiges durchgemacht, bin aber weiter optimistisch." Hermann Pünder, er ist konsequent.

Wozu kann Dr. Hermann Pünder uns inspirieren?

"Krankheiten nicht zu viel Raum geben", so könnte man die Botschaft zusammenfassen, die von Hermann Pünder ausgeht.

Sein Beispiel ist darüber hinaus das passende Bindeglied zwischen positiv sein und sich von Negativem nicht beeinflussen lassen. Ein zentrales Bindeglied im Hinblick darauf, dass wir in unserem Leben nicht isoliert dastehen, sondern von anderen ständig beeinflusst werden.

Krankheiten nicht zu viel Raum geben

Das Reden über Krankheiten, wer kennt es nicht. Mit zunehmendem Alter, so scheint es, nimmt meist auch der Raum

51

zu, den man solchen Gesprächen widmet. Was bringt die Menschen im Alter dazu, ständig über Krankheiten zu reden? Hermann Pünder erklärte es mit nahezu philosophischen Worten. Es sei dies "ein Kausalitätsbedürfnis des Menschen, Zustände des Unwohlseins zu erklären". Doch es läge vielleicht auch daran, dass manche einsam seien, meint er. Letzteres würde zumindest erklären, warum das Reden über Krankheiten im Alter zunimmt.

Ich persönlich würde vielleicht noch einen dritten Grund nennen: eine Mentalität, die stark problemorientiert ist, so wie unsere in Deutschland. Als international tätige Consultant, die viele Länder und Kulturen kennt, erlaube ich mir, diese Schlussfolgerung zu ziehen. Ich bin der Meinung, dass das Reden über Krankheiten in unserem Land einen besonders guten Nährboden hat.

Nun könnte jemand sagen: "Was ist so schlimm daran, wenn man über Krankheiten redet? Schließlich tut man das, weil man genau dieses Problem hat." Die Antwort lautet: Zu viel über Krankheiten reden, tut nicht gut, weil es nicht dazu beiträgt, dass Sie schneller genesen. Auch hält es Sie, so wie Hermann Pünder sagt, davon ab, die schönen Dinge des Lebens zu sehen.

Wenn Sie oft krank sind oder chronische Krankheiten haben, kann es Ihnen passieren, dass Sie - ohne es zu merken - eines Tages so geworden sind, wie Dr. Pünder es beschreibt: ein Mensch, bei dem sich alles nur noch um sich selbst und seine Krankheiten dreht. Ich kann mir nicht vorstellen, dass Sie dies wollen. Es würde auch gewiss nicht zu einem glücklichen Alter und einem langen Leben beitragen.

In der Tat haben die Männer und Frauen, die ich bei meinen Recherchen zum Buch *Leben wagen bis ins hohe Alter* getroffen habe, über alles Mögliche geredet – über ihre Arbeit, ihre Pläne, ihre Visionen, ihre Leidenschaften – nur nicht über Krankheit. Vielleicht haben sie es kurz erwähnt, als eine der vielen Tatsachen ihres Lebens oder weil ich danach fragte. Niemand aber verweilte dabei – weder der 70-jährige Hobbymaler Jürgen Schönfeld, der gegen die Gicht kämpfte und an Diabetes litt, noch der 91-jährige Wilhelm Simonsohn, dem die Makuladegeneration dermaßen zusetzt, dass er ohne Lesegerät kaum noch etwas entziffern kann. Auch die 86-jährige Stadtführerin Elisabeth Hintrager hielt sich nicht lange bei ihrer Krankheitsgeschichte auf, die objektiv gesehen beträchtlichen Umfang hatte. Der 80-jährige Erfinder und Existenzgründer Christian Gruhl gar widmete seinem Trümmerbruch an beiden Fußgelenken gerade mal einen Nebensatz: Er sei bei der Sanierung seines Hauses aus dem zweiten Stock gefallen. Ein acht Meter tiefer Freiflug, dessen Folgen real gesehen noch spürbar waren, jedoch keinen Eingang in sein Denken gefunden hatten.

Manche mögen dazu sagen, eine solche Einstellung bedeute, Krankheit zu "verdrängen" oder aber die Gesundheit zu "vernachlässigen". Was aber bringt es – nachdem man das getan hat, was an Heilmaßnahmen zu tun war –, wenn man nun fortwährend über den *Krankheits*zustand redet? Wäre es nicht logischer, über das *Gesundwerden* zu sprechen?

Interessanterweise tragen selbst Ärzte, die eigentlich für das Gesundwerden zuständig sind, nicht immer dazu bei, uns positiv darin zu bestärken. Sie werden oft erheblichen Mut

aufbringen müssen, um sich gelegentlich – in eigener Verantwortung – solch beschränkenden Ratschlägen zu widersetzen.
"Ich solle mal langsam machen, meinte mein Arzt zu mir",
so schrieb ein 67-jähriger Facebook-User auf einen Beitrag,
bei dem es um Wagnis ging. "Ja, ich habe gesundheitliche
Schwierigkeiten und ein paar heftige Operationen hinter mir,
aber ich habe meinem Arzt geantwortet: 'Wenn ich abkratze,
dann wird es beim Wandern, Bergsteigen oder Schwimmen
sein, genau bei dem, was ich mein Leben lang getan habe,
denn ich war Triathlet.'"

Sich nicht vereinnahmen lassen

Krankheiten nicht zu viel Raum geben, das hat noch eine
weitere Dimension. Diese lautet: sich nicht vom Raum vereinnahmen lassen, den *andere* der Krankheit geben.

Wie wir am Beispiel von Hermann Pünder gesehen haben und
wie wir vermutlich alle selbst wissen: Es gibt Menschen um uns
herum, die permanent von ihren Krankheiten reden – das aber
stellt uns vor die Frage, wie wir damit umgehen. Und diese
Frage ist eine doppelte: Wie geht man mit diesen Menschen
um, und wie gehen wir mit deren Einfluss *auf uns* um?

Dass Menschen so viel über Krankheiten reden, läge wohl
auch daran, dass manche einsam seien, meinte Hermann
Pünder. Es sei dies so etwas wie ein Hilferuf, dass man ihnen
etwas geben soll: Aufmerksamkeit, Zuwendung.

Wie geht er selbst damit um? Hermann Pünder hält nichts davon, auf diese Art von Hilferuf einzugehen. Und das, obwohl er ein Altruist ist. Auf die Frage danach, was wichtig sei im Leben, hat er geantwortet: "Viel geben! Freude schenken, das ist wichtig." Vielleicht sei er auch deshalb Arzt geworden. "Geben" könne man immer und überall, wenn man dies wolle, hat er präzisiert: "Beim Einkaufen, beim Friseur, im Sport, beim Gottesdienst – überall kann man mit den Menschen reden, manchmal auch helfen, wenn sie einen um Rat fragen. Ich war schon als junger Mensch so, habe später für eine Pfarrgemeinde Familien besucht, die Hilfe brauchten."

Hermann Pünder überzeugt mit seinem Engagement für die Mitmenschen, mit seiner Hinwendung zum anderen. Trotzdem schenkt er den Krankheitserzählungen keine Aufmerksamkeit – wohl ganz einfach deswegen, weil den Menschen dies nicht wirklich helfen würde. Das ist es, was wir von ihm lernen können: Wenn wir in das Klagelied des anderen einstimmen, ihn bemitleiden und bedauern, helfen wir ihm nicht wirklich.

Um kein Missverständnis aufkommen zu lassen: Mitleid und Mitgefühl sind nicht dasselbe.
Dass man kein *Mitleid* hat, bedeutet nicht auch, dass man kein *Mitgefühl* haben soll. Mitgefühl versteht es, sich in die Ganzheit des anderen hineinzuversetzen, blickt somit auf die Wurzel des Problems, nicht auf das Symptom, das sich im Klagen ausdrückt. Mitleid dagegen ist die Antwort auf das Symptom: Man "leidet mit".

Die zweite Frage war, wie wir mit dem Einfluss umgehen, den andere *auf uns* ausüben, wenn sie ständig über Krankheiten reden und klagen. Hermann Pünder lässt sich selbst nicht mit hineinziehen. Und das sollten auch wir nicht zulassen.

Ein Umfeld, das sehr krankheitsorientiert ist, wird uns unbewusst beeinflussen, wenn wir nicht achtgeben. Schnell bieten wir ein Resonanzfeld für die problemorientierte, negative Sicht. So wie jemand uns mit seiner Begeisterung "anstecken" kann, so kann uns auch permanente Negativsicht infizieren. Warum glauben Sie, ist es so schwierig, mit Altenpflegern, insbesondere den in Pflegeheimen tätigen, in einen positiven, optimistischen Diskurs zum Thema Alter zu kommen? Die Antwort liegt genau im eben Gesagten: Sie sind permanent dem Bild des gebrechlichen, schwachen, negativen Alters ausgesetzt. Ob sie es wollen oder nicht, es vereinnahmt sie am Ende.

Übung 3:

Wie leicht lassen Sie sich vom »Krankheitsdenken« beeinflussen?

Bei dieser Übung sollen Sie weder an einen erhobenen Zeigefinger denken noch sie als versteckte Kritik sehen: Sie soll Ihnen lediglich zur Reflexion dienen. Sehen Sie sich die folgenden Fragen an, und versuchen Sie, bei den Antworten ehrlich zu sein, dann wird es Ihnen am meisten nutzen.

Bitte lassen Sie bei allen Fragen und Überlegungen lebensbedrohliche Krankheiten unberücksichtigt.

Wenn gerade eine Grippe oder ein Virus »im Umlauf« ist, glauben Sie dann, dass es mit ziemlicher Sicherheit auch Sie erwischen wird?

Wenn Sie an etwas erkrankt sind, was erwarten Sie dann von anderen: Genügt es Ihnen, wenn andere Bescheid wissen, dass Sie krank sind, oder haben Sie das Bedürfnis, Ihre Krankheit zu »erzählen«?

Wenn Sie krank sind, beginnen Sie, sich ab der Einnahme des Medikaments/des Heilmittels mit dem Gedanken an Gesundheit zu beschäftigen, oder verharrt Ihr Denken eher beim Krankheitszustand?

Wie sehr delegieren Sie die Verantwortung für das Gesundwerden an das Medikament, das Ihnen dabei helfen soll? Ist es zu 100 Prozent dafür zuständig? Wie hoch würden Sie Ihren eigenen Anteil an »positiver Energie« einschätzen, die Sie mit Ihren Gedanken in das Gesundwerden investieren?

Wie sehr glauben Sie daran, dass es die Krankheitserreger anderer Menschen sind, an denen Sie sich anstecken, oder dass es schlichtweg Ihr Körper ist, der zu oft schlapp macht? Haben Sie schon einmal darüber nachgedacht, was Ihre Lebensumstände mit Ihren Krankheiten zu tun haben könnten – angespannte menschliche Beziehungen, ein unpassender Wohnort, Unzufriedenheit mit der Arbeit, verpasste Chancen, …?

Wenn Sie auf einen Menschen treffen, der Ihnen von seinen Krankheiten und Beschwerden erzählt, wie reagieren Sie? Hören Sie nur zu? Bekräftigen Sie ihn bewusst oder unbewusst darin, sich mit seiner Krankheit zu beschäftigen? Beginnen Sie selbst, von Ihren Krankheiten zu erzählen?

Nachdem Sie die Antworten gefunden haben, überlegen Sie, was die gestellten Fragen an positiver Orientierung für Sie beinhalten könnten.

Hier einige Vorschläge:

Probieren Sie einmal Folgendes: Bei der nächsten »Erkältungswelle« sagen Sie sich beharrlich: »*Diesmal* wird es mich *nicht* erwischen.« Versuchen Sie, fest daran zu glauben. Und wenn es nicht klappt, probieren Sie es beim nächsten Mal einfach erneut. Und wenn es dann beim dritten, vierten oder x-ten Anlauf endlich doch einmal funktioniert hat – können Sie dies dann ausgiebig als großen Erfolg für sich selbst feiern.

Falls Sie dazu neigen, von Ihren Krankheiten zu erzählen, wie wäre es, wenn Sie von jetzt an zwar weiterhin anderen mitteilen, dass Sie krank sind, Ihre Erzählungen aber stärker damit füllen, was Sie alles unternehmen oder was es bei dieser Krankheit alles gibt, um gesund zu werden?

Wenn Sie das Gesundwerden überwiegend an Medikamente delegieren, lade ich Sie dazu ein, darüber nachzudenken, ob Ihre eigenen Gedanken nicht einen unmittelbaren Einfluss auf Ihr Gesundsein haben könnten. Gehen Sie hierzu in Ihrer Erinnerung zurück, bis Sie den Tag finden, an dem Sie Schmerzen plötzlich nicht mehr spürten oder eine Erkältung umgehend verschwand, weil Sie völlig unerwartet eine großartige Nachricht erhielten oder Sie etwas Wunderbares erlebten.

Besonders aufschlussreich können kleine Zeitreisen in Ihre Vergangenheit sein, indem Sie Gesundheit und Krankheit jeweils in Verbindung damit bringen, wie gut Sie zu den entsprechenden Zeiten Ihr Leben fanden, wie zufrieden oder unzufrieden Sie gerade waren.

Der persönliche Notizzettel

Was können Sie von Hermann Pünder sowie aus diesem Kapitel für sich persönlich mitnehmen?

Hier haben Sie Platz, um das zu notieren, was Ihnen durch den Kopf gegangen ist, wozu Hermann Pünder Sie persönlich inspiriert hat, was Sie an den Ausführungen wert fanden, es sich zu merken.

Was hat dieses Beispiel mir persönlich gesagt?

_____

_____

_____

_____

Was könnte ich mir konkret vornehmen?

_____

_____

_____

_____

Widrigkeiten sind dazu da, sie zu überwinden

»Get up and try!« – Hilda Kemp, 98 Jahre

Hilda Kemp aus Southampton in Großbritannien wurde 102 Jahre alt. Ich lernte sie im Jahr 2010 als 98-Jährige kennen. Wenn Hulda Crooks bewusst das Positive suchte und Hermann Pünder das Bindeglied darstellt zwischen positiv sein und sich von Negativem nicht beeinflussen lassen, dann steht Hilda Kemp dafür, sich dem Negativen aktiv zu widersetzen.

Als ich sie damals darauf ansprach, wie bewundernswert es sei, im Alter von 98 Jahren einen Gymnastikkurs zu besuchen, schüttelte sie energisch den Kopf. "Gymnastik kann doch jeder machen!", sagte sie. "Da sind auch Leute dabei, die im Rollstuhl sitzen. Das zeigt, dass man es tun kann, wenn man will!"

Hilda Kemp war der Überzeugung, dass viele Menschen sich im Alter gehen lassen. Man sei heute zu verwöhnt, meinte sie. Es sei zu viel verfügbar, zu viele Medikamente, zu viele Hilfsmittel. Hilda Kemp war früher als Krankenschwester tätig gewesen, sie weiß also, wovon sie spricht. "Wenn ich im

Krankenhaus alte Menschen sehe, die mir mit Krücken oder im Rollstuhl entgegenkommen", so sagte sie, "dann frage ich mich, ob sie es wirklich ohne diese Hilfsmittel versucht haben. Sie denken, dass sie es nicht können, aber oft würde es gehen." Sie habe dann Lust, *Get up and try!* zu rufen. (Steh auf und versuche es!)

Nachdem Hilda Kemp aufgehört hatte, als Krankenschwester zu arbeiten, half sie mit, den Laden im Krankenhaus zu führen. Dort stand sie von 8 bis 15 Uhr, also nicht nur stundenweise, wie man vermuten möchte. Das, was Hilda in Gedanken von anderen wünschte oder erwartete, machte sie selbst vor.
Sich nicht gehen lassen, das war ihre Maxime, und sie hielt sie eisern durch. Es sei nichts so abträglich, wie missmutig im Sessel herumzusitzen und sich zu bedauern, so sagte sie. Man müsse sich überwinden und aus dem Haus gehen, auch wenn es regnet, wenn es draußen dunkel ist und das schlechte Wetter auf die Laune schlägt. Ja, gerade dann. Der eiserne Wille – ein Kennzeichen der kleinen, zierlichen Frau.

Dabei hätte gerade sie Grund genug gehabt, deprimiert im Sessel zu sitzen und sich gehen zu lassen, denn das Leben hat sie nicht mit Samthandschuhen angefasst. Ihr Vater setzte sich früh nach Jamaika ab. Ihre Mutter beging mit 47 Jahren Selbstmord, weil sie glaubte, Krebs zu haben – Hilda fand sie am geöffneten Gasofen. Von den vier Kindern, die Hilda selbst hatte, leben noch zwei. Ein Sohn erlag mit 60 Jahren einem Herzinfarkt, eine Tochter brachte sich um.
"I made myself enjoy my life", sagte sie und betonte das *made*. Sie habe sich dazu gebracht, dem Leben Freude abzugewinnen. Das war ihre Lebenseinstellung. Hilda tat, wovon sie sprach.

Dazu passt ein weiteres, äußerst bemerkenswertes Detail: die schmale, sehr steile Treppe in ihrem Haus. Küche und Wohnzimmer befanden sich im ersten Stock. Mehrmals am Tag stieg sie diese Treppe hinauf und hinab. Da war nichts "altersgerecht". Aber Hilda Kemp brauchte mit ihren 98 Jahren keine altersgerechte Wohnung, sie war dieser Situation auch im Alter gerecht geworden.

Wozu kann Hilda Kemp uns inspirieren?

Hilda Kemp – ihr Beispiel könnte man mit einem einzigen Wort umreißen, das da lautet: Wille. Sich vom Leben nicht unterkriegen lassen, sich nicht gehen lassen, alles versuchen, nicht zu früh zu Hilfsmitteln greifen – alles beginnt und endet beim Willen. Und dieser Wille war bei ihr dadurch gekennzeichnet, dass er den Widrigkeiten, Hindernissen und Beschränkungen widerstand.

Widrigkeiten ohne Gram meistern

I made myself enjoy my life. Das ist eine Komponente des Geheimrezeptes für ein glückliches Alter. Wir werden in den späteren Kapiteln öfter auf diese Eigenschaft treffen. "Widrigkeiten" können im Leben verschiedene Couleur haben, angefangen von Kleinigkeiten, über die man sich ärgert, bis hin zu großem Leid. Wie Leid verarbeitet wird, spielt sowohl für den Lebenswillen wie auch für die geistige Gesundheit im Alter eine Rolle. Leid, das man erfährt, nagt am Lebenswillen. Der eine bewältigt es schneller, der andere nur mühsam, der Dritte gar nicht. Hilda Kemp hat die ganze Palette gemeistert, auch das ganz große Leid. Letzteres kann im Rahmen des vorliegenden Buches nicht behandelt werden. Es wäre vermessen, hierfür "Übungen" anbieten zu wollen.

Auf einer anderen Stufe aber kann man Hilda Kemp sehr wohl folgen, darin, wie sie schlichteren Dingen widerstand, die einen trotz allem niederdrücken: die Dunkelheit, der Regen, die schlechte Laune, die Bequemlichkeit.

Man kann immer mit etwas anfangen. Am einfachsten, so scheint mir, wäre es, mit dem Regen zu beginnen, gibt es doch kaum etwas, das uns schneller und gründlicher die Laune verdirbt als er. Oder kennen Sie jemanden, der begeistert zum Himmel blickt, wenn erste Regentropfen auf ihn fallen? Ganz so, wie der Regen uns die Laune verdirbt, könnte er uns aber auch gründlich lehren, mit Widrigkeiten anders umzugehen. Was zum Beispiel könnte Hildas Motto "Ich bringe mich dazu, dem Leben Freude abzugewinnen" für Sie bedeuten, wenn es draußen vom Himmel schüttet? Eine mögliche Antwort wäre: die Umkehrung Ihrer Erwartungen. Sie wollten Sonnenschein und bekamen Regen. Sie wollten ins Grüne fahren und müssen nun zu Hause sitzen. Sie wollten – eine Verbform in der Vergangenheit. Der Regen, das ist die Gegenwart. Er zwingt sie dazu, etwas anderes zu ertragen. Man könnte aber auch sagen: Er gibt Ihnen die Chance, etwas anderes zu wollen. Der Unterschied liegt in der Sichtweise, liegt darin, wie schnell Sie umdenken und sich darauf einlassen können.

Bestimmt haben Sie schon einmal Kinder beobachtet, die draußen spielten, als es zu regnen begann. Sind sie sofort ins Haus gelaufen und haben sich bei Mama ausgeweint, weil sie nun nicht mehr das spielen können, was sie wollten? Oder haben sie nicht vielmehr alles stehen und liegen gelassen, sind tanzend im Regen auf und ab gehüpft, sind in Pfützen gesprungen, haben die Hände nach oben gestreckt, um den Regen zu begrüßen? Das ist die Eigenschaft, die Sie sich zurückholen müssen.

Drake und Middleton, zwei britische Autoren, die ein wunderbares Buch zum Alter geschrieben haben, nennen diese Eigenschaft "adaptive navigation" – angepasste (Lebens-)Steuerung. "Die konventionelle Herangehensweise an das Leben ist die", so schreiben sie in *You Can Be as Young as You Think*, "dass wir uns etwas vornehmen und dann geradewegs darauf zusteuern. Das funktioniert so lange, wie das Leben sich nicht einmischt."

Sich anpassende Navigation bedeutet, darauf eingestellt zu sein, dass der Wind einen unterwegs woanders hinblasen könnte.

Widrigkeiten blasen einen immer dorthin, wo man es nicht geplant hatte, wo wir nicht hin wollten. Wir können uns darüber ärgern oder uns an die neue Situation anpassen. Ärger macht krank, Gram verbittert. Beides trägt dazu bei, dass wir schneller altern.

Widrigkeiten ohne Gram zu meistern, gehört mit zu den wichtigsten Eigenschaften für ein gutes Alter und inneres Jungbleiben. Wir kümmern uns so sehr darum, welche Schadstoffe wir mit der Nahrung zu uns nehmen, und vergessen dabei allzu oft, dass auch Ärger, Gram und Groll - als "ungewollte Nahrung" über unseren Geist und unsere Emotionen aufgenommen - zu Giftstoffen für unseren Körper werden.

Der Regen mag ein lächerlich kleines Alltagsbeispiel sein, aber wenn wir diese lächerlich kleinen Widrigkeiten nicht meistern, wie wollen wir dann den großen begegnen?

Sich anpassende Navigation, so schreiben Drake und Middleton, erfordert Geschick, schnelle Reaktionen und Entscheidungen, aber vor allem eine Offenheit dem Wandel gegenüber. Die schnelle Reaktion ist bei den Widrigkeiten des Alltags besonders wichtig, denn sie muss Ihrer Verärgerung *zuvorkommen*. Da Verärgerung auf der Stelle eintritt, ist dies nicht einfach. Aber man kann es üben.

Wenn Sie also dem Regen das nächste Mal grollen, wenn Ihr Auto nicht anspringt oder der Kuchen im Ofen angebrannt ist - versuchen Sie ganz schnell umzuschalten.
Vielleicht kann Ihnen die folgende Gedankenkette dabei helfen: Wie schlimm ist es *objektiv* besehen? - Will ich mir durch *diesen* Ärger den Tag verderben lassen? - *Wohin* bringt mich diese Widrigkeit? - Was könnte ich dem an *Positivem* abgewinnen?

Hilfsmittel, die nicht immer wirklich helfen

Hilda Kemp sagt uns, dass Gram und dunkle Gedanken unseren Lebenswillen schwächen. Gleichzeitig weist sie mit Nachdruck darauf hin, dass auch Hilfsmittel dies tun, wenn wir zu früh zu ihnen greifen und uns von ihnen abhängig machen.

Darüber nachzudenken lohnt sich, denn es liegt ein gewisses Paradox darin. Hilfsmittel sind, wie der Name schon sagt, dazu gedacht, uns zu helfen, uns somit zu stärken. Wie kann es dazu kommen, dass etwas, das uns stärken soll, uns eher schwächt?

Die Erklärung ist einfach: Hilfsmittel nehmen uns die eigene Anstrengung ab. Alles, was die eigene Anstrengung ersetzt, nimmt dem Willen sozusagen ein Stück Arbeit ab. Er "erlahmt". Wenn der Wille erlahmt und man somit einem Problem nicht mehr aktiv beizukommen versucht, hat man diesem Problem auf Dauer ein Bleiberecht in seinem Leben eingeräumt. Man sollte sich also jeweils gut überlegen, zu welchen Hilfsmitteln man ab wann greift.

Als ich vor einiger Zeit einen deutschen Kurort besuchte, an dem mehrere Alters- und Seniorenheime errichtet wurden, fiel mir die enorm große Zahl an älteren Menschen auf, die am Rollator gingen. Bei einigen von ihnen war es ersichtlich, dass sie diese Stütze benötigten. Doch bei vielen musste ich an die Worte von Hilda Kemp denken und fragte mich, warum sie wohl zu diesem Hilfsmittel gegriffen hatten.

Um Missverständnissen gleich an dieser Stelle klar und deutlich vorzubeugen: Es geht hier nicht darum, die Nützlichkeit von Hilfsmitteln prinzipiell infrage zu stellen. Natürlich sind diese sinnvoll und gut, wenn jemand wirklich dringend darauf angewiesen ist. Hier geht es, ganz im Sinne von Hilda Kemp, einzig darum, *wie schnell* und *aus welchen Gründen* wir zu diesen greifen, wie viel an Willen wir bei gewissen Herausforderungen bereit sind aufzubringen.

Damit kommen wir umgehend zum Kernthema dieses Buches zurück: zu der Vorstellung, die wir vom Alter haben und von dem, was es mit sich bringt. "Die Wohnung werden wir später gar nicht behalten können, denn die Treppe kommen wir dann sowieso nicht mehr hoch." An diesen Satz von Freunden musste ich denken, als ich die schmale, steile Treppe im Haus von Hilda Kemp sah. Die Treppe in der Wohnung meiner Freunde, sie ist weder schmal noch steil.

Im Alter geht das später sowieso nicht mehr. Ist das nicht ein Satz, den wir oft hören, den wir vielleicht sogar selbst immer wieder sagen oder denken? Diese Vorstellung führt zum Beispiel dazu, dass man sich, wie eine gute Bekannte von mir, mit knapp 50 Jahren eine Wohnung kauft, in der bereits alles "altersgerecht" eingerichtet ist – für später. Vermutlich fand sie den entsprechenden Rat eines Renten-, Versicherungs- oder Immobilienberaters vernünftig. Ein solches Denken geht davon aus, dass man im Alter diese Hilfsmittel auf jeden Fall nötig haben wird, dass unser späteres Alter folglich zielsicher Beschränkung mit sich bringen wird. Ich halte ein solches Denken für so vernünftig wie das von Lemmingen und die Auswirkungen davon ähnlich dramatisch wie das Ende besagter Lemminge.

In manchen Köpfen reift dieses Denken zu Vorhaben heran, die aus meiner Sicht erschreckende Ausmaße annehmen können. Ich hatte einmal Freunde, die planten, ein Haus zu bauen. In diesem Haus wollten sie bereits eine Rampe vorsehen für später, wenn sie einmal alt wären und auf einen Rollstuhl angewiesen wären. Eine Rollstuhlrampe für später! Was für eine schreckliche Selbstkonditionierung, die spätere Beschränkung und Behinderung überhaupt nicht mehr infrage stellt. Denn: Wie viel Raum lasse ich in meinem Denken noch für ein gesundes, vitales Alter, wenn ich doch jeden Tag meine für später vorgesehene Rollstuhlrampe sehe oder an meine "Alterswohnung" denke, in der bereits alles für meine zukünftige Gebrechlichkeit vorgesehen ist?

Die "zukünftige Gebrechlichkeit". Die "Pflegebedürftigkeit, auf die wir zusteuern". Es erinnert an die in der Einleitung erwähnte Studie über die Ängste der Deutschen. Ich möchte an dieser Stelle nicht meine im Buch *Leben wagen bis ins hohe Alter* dazu gemachten Ausführungen wiederholen, ich will dazu nur sagen, dass wir uns von statistischen Hochrechnungen gern in Panik versetzen lassen und weder diese noch andere Zahlen und "Prophezeiungen" gründlich genug hinterfragen.

Ich meine auch, dass wir gerade in Deutschland eine Neigung dazu haben, auf Problemsituationen zu starren. Wir sorgen somit auch gern vor. Die Grenze zwischen "Vorsorge" und "Erwartung (des negativen Ereignisses)" aber ist haarfein. Psychologen bemerken dazu, dass das Interesse am Thema Pflegebedürftigkeit und die in Deutschland intensiv geführte Diskussion darüber einerseits ein Bewusstsein für die Problematik geschaffen hätten, andererseits werde dadurch aber auch die "subjektive Eintrittswahrscheinlichkeit" dieser bedrohlichen Aspekte erhöht. In einem schlichten Satz zusammengefasst: Die Ausrichtung unserer Gedanken schafft Folgen und Realitäten, man öffnet dem Eintreten dieser negativen Zustände unbewusst die Tür.

Wir täten also gut daran, unserem negativ ausgerichteten Denken diesbezüglich Zügel anzulegen. Wir könnten damit bei denen beginnen, die wir in unserem nahen Umfeld bereits als "zukünftige Pflegefälle" ansehen oder die uns jetzt schon als tatsächliche Pflegefälle anvertraut sind.

Hilfsmittel, zu denen wir andere drängen

Hilfsmittel nehmen wir nicht nur dann in Anspruch, wenn es unumgänglich ist oder dringend notwendig – wir benutzen sie auch aus Bequemlichkeit. Oder: weil andere uns dazu überreden. Unser Umfeld hat oft einen erheblichen Einfluss auf unsere Entscheidungen. Umgekehrt haben wir einen großen Einfluss auf das Leben der uns nahestehenden Personen.

Damit kommen wir zu einem höchst sensiblen Thema im Zusammenhang mit Hilfsmitteln. Es kann nicht im Rahmen dieses Buches vertieft werden, doch ich lade Sie dazu ein, darüber nachzudenken, falls Sie einen älteren Angehörigen haben.

Oft haben alte Menschen den Willen, etwas noch selbst zu schaffen. Wir aber halten dies für schädlichen Eigensinn. "Das kannst du doch nicht mehr!" "Siehst du nicht, dass es nicht mehr geht?" "Lass dir doch helfen!" – Wer, der einen nicht mehr ganz so fitten Angehörigen hat, kennt diese Aussprüche nicht von sich selbst! Wenn der andere sich wehrt, darauf besteht, es doch noch zu probieren, interpretieren wir seinen Willen als "Eigensinn".

Es lohnt sich, darüber nachzudenken: Gutmeinend wollen wir helfen, doch nicht selten untergraben wir dadurch den Willen des anderen, sich selbst zu helfen. Manchmal geschieht es aus echter Sorge um das Wohl von Vater, Mutter, Opa oder Oma. Andere Male denken wir eher an unser eigenes Wohl: Was, wenn er oder sie stürzt? Dann habe auch ich als Sohn oder Tochter das Problem. Und so zwingen wir gelegentlich unsere Angehörigen regelrecht in die Nutzung von Hilfsmitteln hinein. Doch mit jeder "Hilfestellung" verliert der Mensch ein Stück seiner Fähigkeit zur Selbsthilfe.

Besonders gut ist dies im Pflegesystem zu beobachten, wo es hauptsächlich der Mangel an Zeit ist, der dazu führt, dass der Wille alter Menschen, sich selbst zu helfen, sukzessive ersetzt und damit ausgelöscht wird. Jemanden zu füttern geht schneller, als ihn selbst, auf seine langsame und umständliche Art, sein Essen zu sich nehmen zu lassen. "Pampers" ersetzen die zeitaufwändige Begleitung zur Toilette. Ein Rollstuhl mit Rundumfunktion erspart viele Handgriffe.
"Ich werde jedes Mal so zornig", sagte einmal ein Seelsorger zu mir, der regelmäßig Altersheime besuchte. "Ich sehe alte Menschen ins Heim kommen, wenn sie noch gut gehen

können. Wenig später komme ich wieder dorthin und sehe genau dieselben Personen nun im Rollstuhl sitzen."
Wie fair ist das, was wir da tun?

Vielleicht sollte sich die Aufforderung "Get up and try!" von Hilda Kemp nicht nur an die Betroffenen selbst richten, sondern etwas abgeändert auch an die "Helfer": "Let them try!" – Lass sie es doch, solange es geht, versuchen, sich selbst zu helfen.

Dazu aber müssen wir zuerst an uns selbst arbeiten und unser Pflegesystem überdenken, denn unsere eigene Vorstellung vom Alter wie auch unsere Einstellung alten Menschen gegenüber sind dringend revisionsbedürftig.

———•———

Banale Hilfsmittel als Lehrstücke

Rollator, Rollstuhl, altersgerechte Wohnungen – bisher war von gewichtigen Hilfsmitteln die Rede. Doch es gibt auch Hilfsmittel, die so banal sind, dass wir sie benutzen, ohne daran zu denken, dass sie nach genau den gleichen Grundsätzen funktionieren: dass auch sie uns eigene Entscheidung und eigene Anstrengung abnehmen.

Sie haben Probleme, das Kleingedruckte zu lesen? Wie schnell greifen Sie zur Lesebrille? Sie sind eine Frau? In welchem Alter kauften Sie Ihren ersten Büstenhalter? Lesebrille und Büstenhalter, beides sind "Hilfsmittel", die wir kaum noch als solche wahrnehmen. Und beide haben auch mit dem Alter zu tun, konkret widergespiegelt in den Worten: Alterssichtigkeit und Hängebusen.

Wenn Sie beginnen, damit Probleme zu haben, das Kleingedruckte zu lesen und zum Augenarzt gehen oder zum Optiker, ist für diesen – nach einem Blick auf Ihr Geburtsdatum – die Ursache Ihres Problems klar: Sie heißt Alter. Er wird Ihnen nicht sagen, dass es Menschen gibt, die auch mit 70 noch keine Lesebrille benötigen, ja, dass es sogar Hundertjährige gibt, die – nachweislich – ohne Brille lesen können. Er wird Ihnen auch nicht sagen, dass es so etwas wie Augentraining gibt, weil er dies entweder nicht weiß oder nicht daran glaubt. Obwohl das Auge ein Muskel ist, scheint niemand in der konventionellen "Augenheilkunde" daran zu glauben, dass man diesen Muskel trainieren könne. Im Prinzip eine seltsame Logik, die jedoch so normal geworden ist, dass das, was eigentlich normal wäre, nun abstrus erscheint.

Ähnliches gilt für den Büstenhalter, ein Hilfsmittel, das zum ganz normalen "Kleidungsstück" mutiert ist. Welche Frau kommt heutzutage schon auf die Idee, einen BH als "Hilfsmittel" anzusehen? Doch er ist es, denn er nimmt den Muskeln eines Körperteils die Arbeit ab.
Wenn Sie als Frau in ein Geschäft für Dessous gehen, wird Sie die Verkäuferin garantiert davor warnen, keinen BH zu tragen, zumal dann, wenn Sie keine 15 mehr sind. "Ohne BH kriegen Sie einen Hängebusen", wird sie sagen. Klingt logisch. Doch es gibt auch die komplett gegensätzliche Logik. So gibt es Mediziner, die sagen, dass der BH die natürlichen Bewegungen des Busens einschränke und dass dies das Gewebe

schwäche. Gerade dadurch erhöhe sich die Chance auf das Absacken der Brüste, sagen diese Mediziner.

Ein Hängebusen im Alter scheint das unvermeidbare Los einer jeden Frau ab einem bestimmten Alter zu sein. Dass Brusttraining dieses Los beeinflussen kann, scheint wenig bekannt zu sein.

Weder Alterssichtigkeit noch Hängebusen sind eine zwingende Gesetzmäßigkeit, wir haben sie durch generalisierten Hilfsmittelgebrauch dazu gemacht.

Sollten Ihnen weder Lesebrille noch BH etwas sagen: Es gibt auch andere äußerst banale "Hilfsmittel", zu denen Menschen ebenfalls zu oft greifen und die nicht immer nötig wären – Hilfsmittel, die auch Sie vermutlich täglich benutzen, wie Rolltreppe, Aufzug, Auto.

Im Grunde sind unsere Beine dafür vorgesehen, uns von einem Ort zum anderen zu bringen. Doch wir haben uns heute daran gewöhnt, diese Funktion durch Mechanik, Hydraulik und Räder zu ersetzen, manchmal nur, um ein einziges Stockwerk zu überwinden oder um Zigaretten zu holen. Vielleicht können auch Sie einmal darüber nachdenken, zu welchen Gelegenheiten Sie bewusst auf diese Hilfsmittel verzichten könnten – einem gesunden Körper und einem dynamischeren Alter zuliebe.

Übung 4:

Widrigkeiten mit anderen Augen sehen

Kommen wir kurz zurück zu den Widrigkeiten, zum Regen, zu Dingen, die nicht so laufen, wie man es sich vorgestellt hatte. Hierzu gibt es drei kleine Übungen, die es Ihnen erlauben, Widrigkeiten einmal ganz systematisch aus einer anderen Perspektive zu erleben. Wenn Sie dies ohnehin schon können, überspringen Sie diese Übung einfach.

Die andere Seite

In einem Moment der Muße, in dem Sie gerade Zeit und Lust haben, sich einer solchen Übung zu widmen, holen Sie aus Ihrer Erinnerung fünf Situationen hervor, bei denen etwas schiefgegangen ist. Überlegen Sie dann, ob Sie diesen Situationen *damals*, im Nachhinein, etwas Gutes haben abgewinnen können. Sie mussten mit dem Fahrrad zur Arbeit, weil das Auto kaputt war? Es könnte schön gewesen sein, mal wieder mit dem Rad durch die Stadt zu fahren. Sie mussten zum Bäcker Brot holen, weil Ihre Tochter das vergessen hatte? Es könnte ein kleiner Gesundheitsspaziergang gewesen sein. Falls Sie nichts finden, was Ihnen damals gut erschienen ist, dann notieren Sie knapp diese fünf »danebengegangenen« Situationen und überlegen sich *jetzt*, was an ihnen hätte gut sein können oder was vielleicht sogar, nachträglich betrachtet, objektiv gut daran gewesen ist.

Die andere Sicht

Hier versuchen Sie an die Übung zu denken, wenn Sie gerade *aktuell* in einer Situation stecken, die Ihnen nicht gefällt. Dabei denken Sie hier daran, ob die Situation, die *Ihnen* nicht gefällt, *anderen* vielleicht Gutes bringen könnte. Das einleuchtendste Beispiel: der Regen, auf den die Landwirte seit Wochen gewartet haben. Ein anderes Beispiel: Ein Auto schnappt Ihnen die Parklücke weg. Sie sehen eine junge Mutter mit einem Baby aussteigen. Sie hätte vielleicht weit laufen müssen mit dem Kind, wenn sie »Ihre« Parklücke nicht bekommen hätte.

Versuchen Sie, auch in anderen, weniger offensichtlichen Situationen zu entdecken, ob das, was Ihnen nicht gefällt, anderen vielleicht von Nutzen gewesen sein könnte. Drei, vier Begebenheiten in einer Woche wären gut dafür.

Die andere Einstellung

Bei dieser dritten Variante entfernen wir uns noch ein wenig weiter von uns selbst. Wie oft hören Sie oder haben es selbst erlebt, dass Menschen in armen Ländern und unter extremen Lebensbedingungen Widrigkeiten, Leid und Not ganz anders zu ertragen wissen als wir. Eine Frau in Afrika, der von elf Geburten ein einziges Kind verblieb, ein Mann, der als Oppositioneller 20 Jahre im Gefängnis saß, eine Familie in Bangladesh, deren Hab und Gut von den Fluten hinweggerissen wurde – wie machen diese Menschen es, dass sie trotzdem noch positiv, sogar fröhlich sein können?

Nehmen Sie sich ein paar Minuten, um einmal konzentriert darüber nachzusinnen. Macht es viele unserer »Sorgen« und manchen Ärger nicht ein wenig kleiner?

Übung 5:

Wie viel »Beschränkung« akzeptieren Sie in Ihrem Leben?

Das geht später sowieso nicht mehr. Haben auch Sie sich schon einmal bei diesem Satz ertappt? Es wäre es wert, sich in Ruhe hinzusetzen und in der Erinnerung zu kramen oder in sich hineinzuhorchen.

Auf welchen Bereichen Ihres Lebens haben Sie das Etikett kleben »Das geht später bestimmt nicht mehr«? Arbeit? Sport? Sex? Reisen? Wohnen? Hobby? Was auch immer Sie im Kopf haben, ich lade Sie dazu ein, es sich anzusehen und sich zu fragen: Warum gehe ich davon aus, dass es später nicht mehr gehen wird? Woher nehme ich diese Gewissheit? Wer vermittelt mir diese Überzeugung? Welche Gründe führen dazu, dass ich jenen glaube, die mir Beschränkung vermitteln?

Überlegen Sie dann, ob es in Ihrem privaten oder beruflichen Umfeld irgendeine Person gibt, deren Einstellung eher jener von Hilda Kemp ähnelt, die jemand ist, der durchweg positiv in die Zukunft blickt. Dann fragen Sie sich: Welche Gründe führen dazu, dass ich nicht dieser Person folge, sondern den anderen? Ist es, weil es »nur« eine Person ist? Aber sind nicht auch Sie »nur eine Person«?

Übung 6:

Eine kleine alternative Anregung

Für den Fall, dass Sie die Ausführungen zu Lesebrille und Büstenhalter interessiert haben, möchte ich Ihnen hier ein paar kleine Anregungen geben.

Eine Lesebrille braucht man, wenn die Augen sich nicht mehr so schnell und so einfach auf das einstellen können, was Sie lesen wollen. Bevor Sie nun zum Optiker gehen, um sich eine Lesebrille zu besorgen, versuchen Sie, die Kapazität Ihrer Augen auszuloten. Immer dann, wenn Sie etwas Kleingedrucktes nicht lesen können, schließen Sie die Augen, entspannen Sie diese bewusst, öffnen Sie sie wieder und sehen Sie mit bewusst entspanntem Blick erneut auf das Kleingedruckte. Sie werden feststellen, dass Sie es besser werden lesen können. Dadurch wie auch durch gezieltes Üben, das die Augen abwechselnd von nah auf fern fokussieren lässt, können Sie über lange Zeit hinweg Ihre Augen etwas mehr fordern und sie die Arbeit der Lesebrille tun lassen.

Augentraining beruht meistens auf der Methode von Dr. Bates. Alternative Sehschulen, die damit arbeiten, gibt es in Deutschland jedoch wenige. Vielleicht liegt es an unserer konventionellen Medizin oder daran, dass für uns die Lesebrille eben doch die schnellere und einfachere Lösung ist.

Wenn die Anmerkungen zum Brusttraining Sie als Frau angesprochen haben, dann probieren Sie, den BH wenigstens zu Hause abzulegen, und geben Sie den Muskeln die Möglichkeit, tätig zu werden. Natürlich sollten Sie bei Körbchengröße 90D nicht unbedingt ohne BH Trampolinspringen und Ihre Brustmuskeln damit überfordern, aber trauen Sie Ihrem intelligenten Körper ansonsten ruhig etwas mehr zu. Sie finden auch in jedem Gymnastikhandbuch oder im Internet kleine, sehr wirkungsvolle Übungen, um die Brust zu straffen und zu heben. Diese Übungen können Sie sogar, ohne großen Aufwand, in Ihren Alltag einflechten. Sie werden dadurch nicht den Top-Busen einer Zwanzigjährigen bekommen, aber es wird auf jeden Fall Wirkung zeigen und Ihnen beweisen, dass Sie auch mit 60 keinen schlaffen Busen haben müssen.

Der persönliche Notizzettel

Was können Sie von Hilda Kemp sowie aus diesem Kapitel für sich persönlich mitnehmen?

Hier haben Sie Platz, um – genauso wie in den vorherigen Kapiteln – das zu notieren, was Ihnen durch den Kopf gegangen ist, wozu Hilda Kemp Sie persönlich inspiriert hat, was Sie an den Ausführungen zu ihrem Beispiel wert fanden, es sich zu merken. Auch wenn Ihnen trotz allem nicht viel einfallen will – einige wenige Stichpunkte sind immer noch besser als gar nichts.

Was hat dieses Beispiel mir persönlich gesagt?

_____

_____

_____

_____

Was könnte ich mir konkret vornehmen?

_____

_____

_____

Kontakt mit Menschen –
ein wahres Lebenselixier

———— ● ————

»I like to meet people!« –
Phyllis Self, Geschäftsfrau mit 102 Jahren

»Ich liebe es, mit Menschen umzugehen!" Wenn es etwas gibt, das Phyllis Self charakterisierte, dann ist es genau dieser eine Satz, den sie immer wieder betonte.

Phyllis Self war die Besitzerin eines der größten Gartencenter im Südwesten Englands, eine freundliche alte Dame, die Offenheit und Zugewandtheit ausstrahlte und die mit über 100 Jahren nicht wesentlich älter wirkte als eine 85-Jährige.

Bis über ihr 102. Lebensjahr hinaus hatte Phyllis Self in ihrem Unternehmen als Personalchefin gearbeitet, sechs Tage die Woche, ganz normale acht Stunden am Tag. Sie starb im Jahr 2013 mit 105 Jahren. Wie ihr Sohn sagte, war sie nicht krank, sie starb schlichtweg "an Alter".

Das Gartencenter betreibt die Familie seit 1972. Phyllis Self liebte es, durch das Geschäft zu laufen und sich mit ihren

Angestellten zu unterhalten, die sie alle mit Namen kannte. Dazu muss man wissen, dass das Gartencenter über 200 Personen beschäftigt. Da sie etwas Probleme beim Gehen hatte, kaufte ihr Sohn ihr einen Buggy, damit sie sich im weitläufigen Gartencenter mühelos auf Rädern bewegen konnte. So oft wie möglich ging sie dennoch zu Fuß.

Der Umgang mit Menschen – es war ihr Kennzeichen schlechthin. Sie sei schon immer gut gewesen im Organisieren und darin, mit Menschen umzugehen, sagte sie. Es sei wohl so etwas wie ihre Berufung.

Für Phyllis Self war die Familie das Wichtigste im Leben. Dennoch begann und endete alles in ihrem Denken beim Kontakt mit anderen Menschen. Eine Rolle als bloße Großmutter hätte sie nie zufriedengestellt. Das betonte sie. Das Geheimnis ihrer vitalen Langlebigkeit liege genau in diesem Interesse an anderen Menschen, sagte sie in jedem Interview.

Phyllis Self ist eine der hochaltrigen Personen, denen ich persönlich begegnete. Als ich sie fragte, für wie alt sie ihren Geist (i.S.v.: *spirit*) halte, antwortete sie: 50. "Alt" sei man dann, so meinte sie, wenn man sein Leben nur noch auf sich zentriere und sich nicht mehr für andere interessiere. Man müsse auch fähig sein, wie junge Menschen zu denken und deren Ansichten anzuerkennen. Das bedeute es, jung zu sein und zu bleiben.

————— • —————

Wozu kann Phyllis Self uns inspirieren?

Ihr Beispiel zeigt uns, wie anders "Alter" aussehen kann, wenn man mit seiner Umwelt in Kontakt bleibt. Phyllis Self ist ein einziges Plädoyer für die Bedeutung von anderen Menschen in unserem Leben.

————— • —————

Den Lebenskreis nicht zu eng werden lassen

Eigentlich weiß es so gut wie jeder, doch wir handeln nicht danach. Vor allem dann nicht, wenn wir älter werden. Das Älterwerden beginnt in diesem Sinne bei vielen schon mit 25 oder 30 Jahren, dann wenn sie eine Familie gründen, eine Karriere beginnen. Da die eigene kleine Familie einen ausfüllt und die Karriere darüber hinaus Zeit verschlingt, beginnen die "Lebenskreise" sich in diesem Alter oft schon einzuengen auf den Freundeskreis, "den man eben so hat". Dies fällt vermutlich nur Singles auf beim Versuch, neue Freundschaften mit jenen zu schließen, die bereits Familie haben.

Wenn man dann mit 40 oder 50 mehr Zeit hätte für solche Kontakte, weil die Kinder groß geworden sind, sind es vielleicht der berufliche Stress oder die Anforderungen der Karriere, die keine Zeit für andere Kontakte lassen.

Mit 65 oder 70, wenn die Rentenjahre eingesetzt haben und beide Hemmfaktoren weggefallen sind, gabeln sich vielleicht die Wege. Die einen, vom Naturell her lebenslustigeren Personen, versuchen nun vielleicht, neue Kontakte zu knüpfen. Die anderen aber wenden sich nun wieder stärker der Familie zu, diesmal der Familie ihrer Kinder. Auch Enkelkinder können Großeltern vollauf beschäftigen. Mit 80 oder 90, wenn dann nach und nach die Einsamkeit beginnt, an die Tür zu klopfen, stellen diese Menschen vielleicht fest, dass sie verlernt haben, auf andere Menschen zuzugehen und Kontakte zu knüpfen. Und plötzlich ist da niemand mehr außer Sohn oder Tochter.

Dies ist ein stark simplifiziertes und (hoffentlich!) stark überzeichnetes Bild, doch es gibt in etwa das wieder, was sich tagtäglich abspielt. Man braucht nur einmal Pflegedienste zu fragen, welchen Bekanntenkreis alte Menschen haben, oder sich in Altersheimen danach erkundigen, wie viele Besuche die Menschen dort erhalten. Schnell wird man merken: Es ist ein reales Problem.

Wenn Sie sich dadurch angesprochen fühlen, wenn Sie feststellen, dass auch Ihr Kontakt zu anderen Menschen gering ist, wäre dies die Gelegenheit, darüber nachzudenken, was es für Sie bedeuten könnte, was Sie tun könnten, um eine solche Entwicklung zu verhindern.

Nebenbei bemerkt und weil es mir ein Anliegen ist: Ich lade in diesem Zusammenhang dazu ein, unseren Sprachgebrauch zu reflektieren, denn er ist symptomatisch für das Problem. Ich meine die Verwendung von "Oma" oder "Opa" gegenüber *fremden* Personen.

In unserer Gesellschaft ist sehr oft zu beobachten, dass Menschen, die erkennbar ein gewisses Alter erreicht haben, mit Oma oder Opa angesprochen werden. Auch wenn es familiär anmutet und nicht immer abwertend gemeint ist (leider ist es das manchmal doch): Die fremde Person ist schlichtweg nicht unser Opa oder unsere Oma. Es ist ein unangemessener Sprachgebrauch.

Warum bringe ich hier etwas, was eigentlich erst Thema eines späteren Bandes sein soll? Ich bringe es deswegen, weil es dafür steht, wie eine alte Person oft gesehen wird. Das Dasein verliert offenbar ab einem gewissen Alter an Eigenständigkeit, definiert sich plötzlich über die Familie. Das bedeutet implizit: Man beraubt den Menschen seiner Individualität. Lassen Sie es in Ihrem Leben nicht so weit kommen, und versuchen Sie, auch anderen gegenüber in diesem Sinne achtsam zu sein.

Die Familie ist nicht immer der beste Ratgeber

Leider gibt es ein Phänomen, das weit verbreitet ist, deswegen jedoch nicht minder hemmend: Ab einem bestimmten Alter von Vater oder Mutter beginnen die Kinder, das Zepter zu übernehmen und sich in das Leben der Eltern einzumischen. Es ist nicht einmal nötig, dass Vater oder Mutter hierzu ein hohes Alter erreicht haben, manchmal beginnt es bereits mit dem Rentenalter. Ob aus Sorge und in einem Sicherheitsbestreben für den jeweiligen Elternteil begründet oder weil man sich "Peinlichkeiten" und vermeintlichen Ärger ersparen will:

Sohn oder Tochter nehmen sich zu oft das Recht heraus, über ihre Eltern zu bestimmen. Das betrifft auch Kontakte und Bekanntschaften, vom neuen Partner eines Elternteiles ganz zu schweigen.

Es gibt Menschen, die diesem familiären Druck widerstehen, so wie Dolly Saville. Möglicherweise ist sie deshalb noch so fit, fröhlich und frei mit ihren 100 Jahren. Dolly Saville ist eine alte Dame aus einer Kleinstadt in Südengland. Seit 76 Jahren arbeitet sie dort als Kellnerin, zapft heute, mit 100 Jahren, immer noch Bier, serviert immer noch Gerichte.

Die Familie hat über viele Jahre hinweg alles getan, um sie "zur Räson" zu bringen, damit sie mit dieser Arbeit aufhöre, doch sie ließ sich nicht beeinflussen. Sie liebe ihren Job und sie liebe die Leute, sagt sie, das halte ihr Gehirn auf Trab und sie selbst fit. Sie will weitermachen, bis sie stirbt.

Natürlich ist es höchst hypothetisch zu mutmaßen, wie es heute um sie bestellt wäre, wenn ihre Familie Erfolg gehabt hätte damit, sie zum Aufhören zu bringen. Zumindest aber kann man sagen, dass es Dolly Saville ausgesprochen gutgetan hat, *nicht* auf die Familie zu hören.

———•———

Die Bedeutung von Freundschaften im Alter

Kontakt mit Menschen umfasst die ganze Palette, von der unverbindlichen Plauderei mit Fremden auf der Straße, im Bus oder Zug über Bekanntschaften bei Reisen oder in Vereinen bis hin zu echter Freundschaft oder gar Partnerschaft.

Natürlich ist die Qualität dieser Kontakte unterschiedlich. Die Kontakte, die Phyllis Self und Dolly Saville mit Menschen hatten, waren vermutlich nicht sehr tief oder persönlich, dafür aber ausgesprochen zahlreich und über viele Jahre gehend. Wenn dies nicht gegeben ist, werden solche Kontakte vermutlich nicht befriedigen. Es braucht dann zumindest Bekanntschaften, wie solche, die man durch gemeinsame Aktivitäten entwickelt. Am besten, wenn auch am schwierigsten zu erreichen, wären Freundschaften.

Da unser Land aber, abgesehen von einigen wenigen regionalen Zonen, nicht gerade für die Kommunikationsfreude der Menschen steht, ist diese Aufgabe nicht immer leicht. In Italien ergab eine Untersuchung, die vor ein paar Jahren durchgeführt wurde, dass der Stellenwert, welcher von Menschen über 60 Jahren der Freundschaft beigemessen wird, sehr hoch ist: 96 Prozent der Männer gaben an, mehrere Freunde zu haben, fast die Hälfte der Befragten (45 Prozent) hatte vor, den Freundeskreis zu erweitern. Vergleichsweise zwei Angaben aus der 50+-Studie, die im selben Zeitraum in Deutschland durchgeführt wurde: 28 Prozent gaben an, dass ihnen ein richtig guter Freund fehle, 36 Prozent (also mehr als ein Drittel!) beklagte es, keine Menschen zu haben, bei denen sie sich wohlfühlten.

Nach einer australischen Untersuchung, bei der zehn Jahre lang Daten von Menschen über 70 Jahren ausgewertet wurden, leben Menschen, die gute Freunde haben, länger als andere. Hingegen beeinflussten enge Kontakte zu Kindern und anderen Verwandten die Lebensdauer kaum.

Wenn Sie also lange leben möchten oder zumindest im Alter glücklich sein wollen, dann beschäftigen Sie sich ganz bewusst mit dem Thema "Freundschaft". Am besten wäre es, wenn Sie alle fünf bis zehn Jahre eine neue Freundschaft oder wenigstens eine gute Bekanntschaft hinzugewinnen könnten. Wenn Sie heute noch nicht alt sind und Sie sich bewusst darauf konzentrieren, fällt Ihnen das vielleicht nicht ganz so schwer.

Sollten Sie schon älter sein, kann es sich unter Umständen schwieriger gestalten, neue Freundschaften zu schließen. Machen Sie sich jedoch von der Vorstellung frei, dass Sie neue Kontakte nur bei Gleichaltrigen finden müssen! Haben Sie keine Scheu, Kontakte auch in jüngeren Generationen zu suchen. In der oben genannten Untersuchung in Italien hatte mehr als die Hälfte der Befragten Freundschaften aus anderen Generationen. Bei uns ist es vielleicht nicht so einfach, doch über verbindende Interessen wird es möglich sein. Lassen Sie sich dabei auch nicht durch Kritik aus Ihrem Umfeld verunsichern – die Vorstellung, dass man in "gleichaltrigen Kreisen" am besten aufgehoben sei, ist heutzutage eine Mär.

Sozialwissenschaftler unterstreichen, dass es "Solidarität qua Alter" in modernen Gesellschaften nicht mehr gebe – weder unter Jüngeren noch unter Älteren. Gemeinsamkeit und Solidarität entstünden heute über gleiche bzw. ähnliche Werte und Normen. Anders ausgedrückt: Wenn Sie ein 80-jähriger passionierter Umweltschützer sind, werden Sie wesentlich schneller Freundschaft schließen können mit einem 20-jährigen Gleichgesinnten als mit einem gleichaltrigen Herrn, dem Umweltschutz egal ist. Das ist mit verbindenden Normen und Werten gemeint. Man müsse auch fähig sein, wie junge Menschen zu denken und deren Ansichten anzuerkennen, sagte Phyllis Self. Das fällt im Kontext gleicher Interessen – ob diese nun politischer, kultureller, ökologischer, sozialer oder sportlicher Art sind – am leichtesten.

Es lohnt sich auf jeden Fall, daran zu arbeiten. Gute Freundschaften im Alter zu haben, kann für Sie eines Tages wertvoller werden als so manche Versicherungspolice oder Geldanlage.

━━━●━━━

Übung 7:

Der Freundes-Check

Im Allgemeinen weiß man, mit wem man befreundet ist, ohne dazu Notizen machen zu müssen. Dennoch kann es gelegentlich sinnvoll sein, Überlegungen schriftlich festzuhalten. Suchen Sie sich eine ruhige Zeit, circa eine halbe Stunde. Setzen Sie sich hin und machen Sie eine Liste von den Personen, die Sie als Freunde betrachten. Es müssen nicht nur die engsten Freunde sein. Dann schreiben Sie jeweils dahinter, seit wann Sie mit der jeweils betreffenden Person befreundet sind.

Wie sieht Ihre Liste aus? Ist Ihr Freundeskreis seit langem relativ statisch? Sind neue Freunde hinzugekommen? Eher früher oder eher in den letzten Jahren? Wenn Sie wollen, können Sie die Namen mit dem ergänzen, was Sie miteinander verbindet. Sie können konzentrische Kreise um sich selbst herum zeichnen und Ihre Freunde darauf platzieren, so dass sich eine Art konzentrische Freundeslandkarte ergibt, die zeigt, wer Ihnen nahesteht und wer weiter weg ist.

Schauen Sie sich das Ganze an, und notieren Sie die Gedanken, die Ihnen dabei kommen. Wie wichtig sind Ihnen die Freundschaften, die Sie haben? Was würden Sie für Ihre Freunde tun, was würden Ihre Freunde umgekehrt für Sie tun? Kam in den letzten zehn Jahren eine neue Freundschaft hinzu oder wenigstens eine gute Bekanntschaft?

Übung 8:

Mein Kontaktpotenzial

Vielleicht haben Sie genügend Freunde und Bekannte, dann können Sie diese Übung auch überspringen. Falls nicht, kann sie Ihnen helfen, das Potenzial für neue Kontakte, Bekanntschaften oder Freundschaften auszuloten. Für diese Übung werden Sie etwas mehr Zeit brauchen oder Sie teilen sie auf zwei, drei Abende auf.

Tragen Sie als Erstes Ihre Interessen zusammen. Was sind Ihre Hobbys, Ihre Vorlieben und Leidenschaften? Sprachen lernen, Kochen, Reisen, Literatur, Tanzen, … Es gibt unglaublich viele Bereiche. Denken Sie an alles, auch an Vorlieben, die auf den ersten Blick nicht an Kontaktmöglichkeiten denken lassen.

Dann überlegen Sie, zu welcher Art von Aktivität oder Engagement es führen würde, wenn Sie sich stärker mit den jeweiligen Interessen beschäftigten. Wären es Trainingsstunden, Kurse, Seminare, Treffen, Aktionen?

Wenn Sie das ergänzt haben, können Sie darangehen, sich zu überlegen, bei welchen Aktivitäten die Chance am größten ist, Bekanntschaften zu machen, also etwas, das über pragmatische Kurzkontakte hinausgeht, die man so gut wie immer haben kann. Wenn Sie mehrere Aktivitäten finden, suchen Sie sich diejenige aus, die am meisten Erfolg verspricht und die Sie verwirklichen können.

Damit es nicht zu theoretisch bleibt, möchte ich Ihnen ein kleines Beispiel für diesen Prozess geben. Angenommen, Sie interessieren sich für Reisen und Tierschutz, haben aber auch öfter daran gedacht, vielleicht einmal einen Sprachkurs zu besuchen. Jede dieser drei Interessen kann sie mit Menschen zusammenbringen: Reisen durch gemeinsame Unternehmungen, Tierschutz durch gemeinsames Engagement und das Sprachenlernen durch den zeitgleichen Besuch eines Kurses. Genauer besehen erscheint die Chance, bei den Reisen länger anhaltende Bekanntschaften zu machen, nicht garantiert, da Reisen punktuell ist. Bei einem Sprachkurs würden Sie die anderen Teilnehmer immerhin mindestens drei, sechs oder noch mehr Monate immer wiedertreffen; die Chance erscheint hier größer. Möglicherweise wären aber die Aussichten bei einem Engagement im Tierschutz am größten, besonders wenn es mit einer Mitgliedschaft in einem Verein o. Ä. verbunden ist.

Übung 9:

Öffnung

Wenn Ihnen die beiden Übungen nicht zugesagt haben oder zu schwierig erschienen, gäbe es zumindest noch eine weitere Möglichkeit, mit anderen in Kontakt zu kommen – sofern Sie dies gern möchten und es Ihnen bisher nicht leichtgefallen ist. Versuchen Sie gezielt, die Kontaktaufnahme zu »üben«. In einem anderen Sprachgebrauch würde man sagen: Üben Sie Smalltalk.

Nein, warten Sie, blättern Sie nicht weiter! Ich weiß, dieser Ausdruck hat in Deutschland einen eher banalen Beige-schmack. Wenn Sie wollen, taufen Sie es um: Nennen Sie es »informelles Gespräch« oder »Kontaktaufnahme zu Begeg-nung«, das klingt weniger abwertend.
In anderen Ländern, wie Frankreich oder England, wird Small-talk als Mittel der Sozialisierung angesehen. In Italien gar ge-hört es unbedingt zum Lifestyle. Bei uns aber scheint Smalltalk weniger dazu da zu sein, mit anderen in Kontakt zu kommen, als dass es beim Zusammentreffen mit anderen einem unbe-holfenen »Wie-kann-ich-diese-Situation-am-ehesten-über-brücken« ähnelte.

Echter Smalltalk ist eine einfache Form von Kontaktaufnahme, im Sinne von »Begegnung« mit fremden Menschen. Die Zu-taten hierfür sind: eine Portion Interesse, eine Dosis Zuwen-dung und eine Messerspitze Risiko. Das Risiko liegt darin, dass die Person, die Sie ansprechen, kühl reagieren kann; größer ist das Risiko kaum.

Wenn Sie einmal damit angefangen haben, Menschen »einfach so« zu kontaktieren, werden Sie schnell merken, wie interessant dies sein kann. Es kann zu richtiggehenden Entdeckungsreisen durch die Erfahrungsschätze anderer Menschen werden oder auch durch die menschliche Psyche. Fragen Sie passionierte Taxifahrer – die können das am besten. Sie kennen das menschliche Wesen nach zehn Jahren Tätigkeit oft besser als Psychologen.

Probieren Sie es einfach einmal. Gelegenheiten ergeben sich überall: an jeder Bushaltestelle, im Zug, am Bahnhof, beim Einkaufen, in jeder Art von Warteraum.
Wenn Sie das nächste Mal im Zug sitzen und Sie, so wie alle anderen auch, Ihre Tasche auf den Sitz neben sich gestellt haben, probieren Sie doch einmal, einen der Platz suchenden Passagiere bewusst anzulächeln und ihm den Platz anzubieten, den Ihre Tasche innehat. Sie würden sich damit von einer in unserem Land so weit verbreiteten egozentrischen Verhaltensweise abheben (Menschen lassen bei uns ihre Tasche auch dann auf dem Sitz liegen, wenn andere direkt neben ihnen die Fahrt im Stehen verbringen) und Sie würden schnell in ein Gespräch kommen, zumindest aber einen Menschen glücklich machen.

Der persönliche Notizzettel

**Was können Sie von Phyllis Self sowie aus diesem
Kapitel für sich persönlich mitnehmen?**

Wozu hat Phyllis Self Sie persönlich inspiriert, was
können Sie aus diesem Kapitel, den Ausführungen
und Übungen für sich mitnehmen und verwirklichen?

Was hat dieses Beispiel mir persönlich gesagt?

_____

_____

_____

_____

_____

Was könnte ich mir konkret vornehmen?

_____

_____

_____

_____

_____

Mut zum Neuen, Mut zum Wagnis – in jedem Alter

―――● ■――

Mit 85 das Abseilen entdeckt, »weil es Spaß macht« – Doris Long

Sie haben richtig gelesen: Doris Long, auch sie Britin wie Hilda Kemp, erlernte das Abseilen mit 85 Jahren.

Wie kommt eine 85-jährige Frau zu so einem ungewöhnlichen Hobby? Bei Doris Long lautet die Antwort: durch Zufall. Sie hatte in einem Dorf eine Abseilwand gesehen und fand es lustig, das auszuprobieren. So erlernte sie das Abseilen, das sie auch an ihrem 100. Geburtstag im Mai 2014 an einem Hochhaus vorführte.

Je höher, umso besser – das ist ihr Motto, und so wurden die Häuser, von denen sie sich abseilte, mit zunehmendem Alter immer höher. "I really love the high ones best." Das ist Doris Long.

Verrückter geht nicht? Nun, wenn Sie eine drahtige, exzentrische "Ausnahme-Alte" vor sich sehen, im Lederlook, mit rot gefärbten Haaren und Tattoos, dann liegen Sie komplett daneben. Doris Long ist eine ältere Dame, die durch nichts auffällt – außer dadurch, dass sie sich von Hochhäusern abseilt.

Wenn man sie in den zahlreichen Videos, die es von ihr gibt, vor sich sieht, kann man sie sich gut als die eigene Oma vorstellen – so wie man sich eben ältere Damen vorzustellen pflegt: adrett mit Kostüm und Bluse bekleidet, bequeme Schuhe an den Füßen, Perlenkette um den Hals, gepflegte Dauerwelle über einem gleichbleibend freundlichen Gesicht.

Was also steckt hinter ihrer "Verrücktheit"? Der erste Antrieb kam aus der Lust am Neuem: Als sie die Abseilwand sah, dachte sie sich, dass das doch Spaß machen müsse. Danach aber setzte sie ihr ungewöhnliches Hobby gezielt ein, um Geld zu sammeln für Wohltätigkeitszwecke. Durch ihre ungewöhnliche *fundraising*-Aktivität brachte sie es auf enorme Summen und wurde dafür 2009 mit dem *Pride of Britain Award* ausgezeichnet.

Wozu kann Doris Long uns inspirieren?

Das lässt sich bei ihr in einem einzigen Satz zusammenfassen, der es aber in sich hat: Hab den Mut, etwas zu tun, was dich anzieht, woran du Freude hast, was dir Spaß macht – auch wenn es anderen verwegen, riskant oder gar "verrückt" erscheint.

Es gilt also einerseits, eine Herausforderung zu meistern, etwas zu wagen – und andererseits darf man eine Eigenschaft nicht verlieren, die man in jungen Jahren meistens besitzt: die Freude am Leben.

Beginnen wir mit der Herausforderung.

Die belebende und erneuernde Kraft von Wagnissen

Riskante Vorhaben von abenteuerlustigen Menschen beeindrucken uns ebenso wie mutige Zeitgenossen, die einen komplett neuen Schritt im Leben wagen, um ihre Lebensträume zu verwirklichen.

Dass wir den Mut anderer bewundern, heißt jedoch nicht auch, dass wir selbst mutig sind. Vielleicht ist "Mut zu haben" gerade für die deutsche Mentalität eine gewisse Herausforderung, gelten wir doch in den Augen unserer europäischen Nachbarn als besonders ängstlich und sicherheitsorientiert. Dennoch fehlt einem Leben ohne Herausforderungen offenbar ein gewisser Reiz. Da wir darüber hinaus in einer relativ friedlichen und von Naturgewalten verschonten Umwelt leben, die uns auch in dieser Hinsicht wenig fordert, boomen heutzutage zunehmend die Pseudo-Wagnisse: Abenteuerurlaube, Kajakfahrten in wilden Flüssen, riskant aussehende Kletterwände, Managerseminare in denen man – relativ gefahrlos ... – die Grenzen seiner Ängste ausloten kann.

All dies mögen interessante Erfahrungen sein, mit "wahrem Wagnis", also mit dem Mut zu essenziellen Entscheidungen im eigenen Leben, haben sie jedoch wenig zu tun.

Wer Angst hat, wird wenig in seinem Leben wagen wollen. Wovor kann man Angst haben, wenn es um neue Vorhaben geht? Zwei Aspekte fallen einem sofort ein: das finanzielle und das gesundheitliche Risiko.

Der dritte Aspekt scheint nicht so offensichtlich zu sein und doch spielt gerade er im Alter eine große Rolle: die Angst davor, sich lächerlich zu machen, weil man etwas tut, das nicht der Norm entspricht. Leider scheint es so, als gäbe es für das Alter noch mehr ungeschriebene Normen als für den Rest des Lebens, weshalb viele sich mit zunehmendem Alter nicht einmal mehr trauen, kleine Wagnisse in ihr Leben zu holen. Das Tragen eines Minirockes mit 60, langes Haar mit 70 oder der Besuch eines Rockkonzertes mit 80 – all diese im Grunde doch eher kleinen Wagnisse können im Alter durch die Reaktion und das Urteil der Umwelt zur wahren Herausforderung werden.

Der Mut, sich gerade im Alter an etwas zu wagen, das scheinbar "nicht zum Alter passt", ist eine nicht minder große Herausforderung als jene, sich das Alter nicht in Krankheit vorzustellen oder sich nicht zu früh von Hilfsmitteln verführen zu lassen. Er ist deswegen eine beträchtliche Herausforderung, weil man diesen Mut oft zuallererst gegenüber dem nahen Umfeld aufbringen muss, gegenüber den eigenen Angehörigen, gegenüber Ehemann oder Ehefrau, Sohn oder Tochter, aber auch gegenüber Freunden.

"Drachenfliegen? Papa, das kannst du doch nicht machen! Du wirst dir alle Knochen brechen!" – "Was, du willst mit deinen 75 Jahren Bungee-Springen? Bist du noch bei Trost, für wie jung hältst du dich eigentlich?" – "Also Mama! Dich als 80-Jährige mit einem Tanzstück bei DSDS präsentieren wollen, das ist ja mehr als peinlich!"

Genau so werden Kommentare lauten, die Sie hören werden. Ihr nahes Umfeld wird Sie öfter von solchen Vorhaben abbringen wollen, als dass es Sie dazu ermutigen würde. Wenn Sie also Derartiges vorhaben, sollten Sie sich gut wappnen und sich Rückhalt und Ermutigung dort suchen, wo sie am ehesten zu finden sind: im Beispiel anderer mutiger Menschen.

Mutige Menschen, die uns Vorbild sein können, gibt es überall, doch nicht immer weiß man von ihnen. Wie ich bereits andeutete, will dieses Buch Sie nicht durch eine Vielzahl von Beispielen überzeugen. Hier sollen Sie eher dazu animiert werden, sich individuell zu orientieren, sich zu sagen: Wenn *dieser* Mann oder *diese* Frau so etwas gewagt hat, kann auch ich vielleicht meine Idee wagen.

Dennoch ist gerade das Mut-Kapitel eine Herausforderung für die meisten. Ich möchte insofern drei weitere Beispiele nennen, die mich persönlich besonders beeindruckt haben: die 70-jährige Ruth Flowers, die 80-jährige Paddy Jones und die 90-jährige Barbara Beskind. Drei Frauen, drei verschiedene Mut-Entscheidungen.

Ruth Flowers erlebte dank ihrer Courage einen schier unglaublichen, kometenhaften Aufstieg auf internationaler Ebene. Anders als bei Doris Long dürfen Sie sich Ruth Flowers gern exzentrisch vorstellen: schmuckbeladen, mit glitzernder

Bomberjacke, eine überdimensionale Sonnenbrille auf der Nase. So aber war sie nicht immer. Sie wurde es durch das, was sie wagte.

Ruth Flowers war eine pensionierte Gesangslehrerin, die im Kirchenchor sang und bis zu ihrem 60. Lebensjahr ein recht durchschnittliches Leben führte. Als sie mit Mitte sechzig einmal ihren Enkel zu einer Diskothek begleitete, schlug das Schicksal zu: Sie war völlig begeistert davon, wie man junge Menschen zum Tanzen bringen konnte. Dem wollte sie sich von da an widmen. So wurde sie DJane.

Kurz darauf hatte das Schicksal erneut seine Hand im Spiel: Ein junger französischer Produzent entdeckte sie, holte sie nach Paris und nahm sie dort für den größten Club unter Vertrag. Als Mamy Rock wurde sie weltbekannt.

Die 80-jährige Paddy Jones bewies ähnlichen Mut: Sie präsentierte sich mit einem jungen Tanzlehrer zu *Britain's Got Talent*, einer Fernsehsendung, die mit der deutschen Talentshow DSDS vergleichbar ist. Sie führten einen wagemutigen, akrobatischen Salsatanz vor, bei dem die alte Dame von ihrem Partner nur so umhergewirbelt wurde. Das katapultierte sie im Nu ins Semifinale.

Eingangs aber verhießen die ersten Worte aus der Jury einen eher peinlichen Auftritt. Als Paddy Jones gefragt wurde, wie alt sie sei und welcher Art wohl ihre Beziehung zum jungen Tanzpartner sei, da hörte man nur allzu deutlich im unterschwelligen Tonfall heraus: Was wollen Sie denn in Ihrem Alter hier bei dieser Show? Doch sie stand da, hoch erhobenen Hauptes, und gab ruhig und gelassen Antwort.

Barbara Beskind hat eine mutige Entscheidung getroffen, die den beruflichen Bereich betrifft: Sie bewarb sich – mit 90 Jahren! – als Konzept-Designerin im Silicon Valley, wo das Durchschnittsalter der Beschäftigten bei 30 Jahren liegt. Sie wurde genommen.

Vielleicht werden Sie sich an dieser Stelle sagen: Was soll ich mit solchen Extrembeispielen, mit Vorbildern, die sich im Fernsehen präsentieren, die Vorzeige-DJs werden, sich von Hochhäusern abseilen oder gar im Silicon Valley vorstellig werden! Die Antwort ist einfach: Diese Männer und Frauen zeigen Ihnen, was *möglich* ist, was man mit Courage selbst im hohen Alter alles verwirklichen kann. Gelegentlich braucht es extreme Beispiele, um etwas zu verdeutlichen.

Reduzieren Sie es auf das, was sich in *Ihrem* Leben abspielt, auf Träume, Wünsche oder Vorhaben, die *Ihnen* Mut abverlangen. Wenn Sie von Ihrem Naturell her eher weniger mutig sind, dann fangen Sie am besten heute schon damit an. Sich erst im Alter gänzlich neue Eigenschaften zuzulegen, ist machbar, wird Ihnen aber wesentlich mehr abverlangen und wird möglicherweise nicht immer von Erfolg gekrönt sein.

An dieser Stelle noch ein Tipp für Leser, die schon etwas älter sind: Wenn Sie Motivation oder Unterstützung von jemandem benötigen, dann überspringen Sie bei Ihrer Suche auch einmal – nach unten hin – eine ganze Generation. Enkel und Enkelinnen können oft mehr Begeisterung für derart ungewöhnliche Vorhaben aufbringen als Sohn oder Tochter. Der Enkel von Ruth Flowers sagte zu ihr nur drei Worte, als der junge Produzent sie nach Paris holen wollte: "Go for it!" – Mach es!

Doris Long gönnte sich ihr aufregendes Hobby 15 Jahre lang, bis zum 100. Lebensjahr – sie meinte in einem Interview, dass sie sich nun "zur Ruhe setzen" wolle. Die Begeisterung, die Ruth Flowers ausleben konnte, dauerte vergleichsweise nicht ganz so lang, sie starb im Alter von 74 Jahren. Beide aber lebten die entsprechenden Jahre sehr intensiv, mit Freude und Hingabe, dieser wunderbar treibenden Kraft hinter ihren ungewöhnlichen Vorhaben.

Freude und Lust am Leben – auch im Alter

Spaß haben, das steht heute hoch im Kurs. Allerdings würden die wenigsten dabei alte Menschen vor sich sehen oder sich selbst im höheren Alter, denn Spaß passt nicht zum Bild, das wir vom Alter haben, schon gar nicht vom hohen Alter. Spaß verträgt sich nicht mit Beschränkung, Kranksein, Bedürftigkeit oder gar Gebrechlichkeit. Insofern ist die am weitesten verbreitete Maxime: sich des Lebens erfreuen, solange es geht. Das könnte man auch interpretieren mit: solange das Schicksal es gut mit einem meint.

Zwar gibt es in den letzten Jahren zunehmend Filme und Bücher, die den "Spaßfaktor" im hohen Alter propagieren – nach dem Muster: Skurrile Oma büxt aus dem Altersheim aus und dreht noch krumme Sachen. Doch scheint es so, als diene dies mehr der Volksbelustigung als einer grundlegend anderen Sicht vom Alter.

Auch der "Lebensfreude-Faktor", der in der Werbung propagiert wird, gehört hierher. Dieser wird zwar seriöser präsentiert, scheint aber in etwa bei den Bildern von lebensfrohen 60- oder 70-Jährigen stehen zu bleiben. Ist ein noch höheres Alter in der Werbung anvisiert, mutiert die darin visualisierte Lebensfreude zur "Reparatur von Gebrechlichkeit" – jeder kennt vermutlich die TV-Werbespots zum Treppenlift.

Sich Lebenslust, Freude, Spaß und Begeisterung für das Alter vorstellen zu können, ist somit nicht immer einfach, da es mit negativen Vorstellungen kollidiert, die im Allgemeinen noch vorherrschend sind. Oft genug aber kollidiert es auch mit positiven Projektionen vom Alter, zum Beispiel mit der geschätzten "Altersweisheit".

Dass man im Alter "weise" wird oder werden sollte, ist Allgemeingut. Weise – darunter verstehen die meisten: gesetzt, überlegt, vernünftig, moderat. Freude im Sinn von Abgeklärtheit passt noch dazu – Spaß, Lust und Begeisterung schon viel weniger. Denn diese Attribute haben etwas von Jugendlichkeit an sich, von Ausgelassenheit und Spontaneität, von einem unkontrollierten und auch ein wenig "verrückten" Verhalten.

Die 94-jährige französische Schriftstellerin Benoîte Groult, Autorin des bekannten Romans *Salz auf unserer Haut*, sagte einmal etwas sehr Schönes dazu: "Es ist nicht wahr, dass man im Alter weise wird. Das ist eine Qualität, die einem angehängt wird. Man kann nichts Verrücktes mehr tun. Das ist keine Weisheit, das ist Resignation."

—•—

Das Neue – die optimale Herausforderung für unser Gehirn

Wagnis erfordert Courage. Diese wird wesentlich gespeist von der Lust auf das Neue. Etwas wagen bedeutet in den meisten Fällen, sich auf etwas Unbekanntes einzulassen, also auf eine neue Erfahrung. Das hat, auch wenn es Sie vielleicht überrascht, sehr viel zu tun mit einem aktiven Gehirn.

In unserem Land haben Menschen große Angst vor Demenz. Insofern verfolgen viele die medizinische Entwicklung in der Hirnforschung ausgesprochen aufmerksam. Die meisten wissen auch darüber Bescheid, dass man das Gehirn "trainieren" kann oder sollte. Die hierfür bekanntesten Methoden sind: Kreuzworträtsel, Sudoku, neurologische Tests. Wagnis, Neugier und die Lust aufs Leben als Methode des Gehirntrainings sind weit weniger bekannt. Das aber sind unter Umständen weitaus reizvollere Stimuli für unser Gehirn.

Jeden Tag etwas Neues zu machen, sei die beste Methode, um geistige Fitness zu steigern, sagt Wolf Oswald, ein emeritierter Professor der Psychogerontologie. Kreuzworträtsel seien dagegen wenig geeignet, mentale Kräfte zu steigern, denn entscheidend sei, dass ein Lernprozess in Gang kommt. Dieser "Lernprozess" ist bei Kreuzworträtseln eher begrenzt. Im Grunde sind sie eine Wissensabfrage. Das Lernen, das dabei geschehen kann, ist maximal Wissenszuwachs. Weder Sudoku noch Kreuzworträtsel fordern uns dazu heraus,

Neues zu entdecken oder Altes infrage zu stellen. Sie verändern nichts in unserem Bewusstsein.

Auch so manch ein Gedächtnistrainer unterstreicht, dass man die Routine verlassen muss: Alles, was man mit dem Herzen tut, mit Leidenschaft macht, wird sich ins Gedächtnis einprägen. Wenn man schon nicht Neues entdecken kann oder will, sollte man sich also wenigstens ein Hobby suchen, das man mit Leidenschaft pflegt. Insofern können also durchaus auch Kreuzworträtsel Ihr Gehirn trainieren – vorausgesetzt, es ist für Sie eine wahre Leidenschaft und Sie machen es nicht nur als Pflichtübung, weil Sie glauben, damit Ihr Gehirn trainieren zu können.

Die Freude am Leben, die zu neuen Erfahrungen drängt oder sich in der Leidenschaft für Bekanntes widerspiegelt – wie wenig hört man doch davon, wenn es um Phänomene wie Demenz geht. Es kann erstaunen, wie wenig die Medizin bei der Betrachtung von Demenz die Lebensumstände als Ursache mit untersucht. Vielleicht ist dies das Ergebnis symptombezogener Behandlung. Oder eine Sicht vom Menschen als einem "biologischen Mechanismus".

Das kann man gut daran erkennen, wie es David Snowdon erging. Als der Mediziner Snowdon die Ergebnisse seiner berühmten "Nonnenstudie" veröffentlichte, machte das im Nu die Runde um die Welt: Die Gehirne einiger Nonnen wiesen alle Spuren auf, die gemeinhin mit einer schweren Alzheimererkrankung gleichgesetzt werden, und zwar Demenzgrad 6, was eigentlich das absolute Alzheimer-Endstadium ist. Dennoch waren diese Nonnen bis ins hohe Alter geistig fit und hatten ein ausgezeichnetes Gedächtnis! Umgekehrt waren manche Nonnen dement, hatten aber ein Gehirn fast ohne krankhafte Ablagerungen. Damit geriet die gesamte Plaque-Theorie ins Wanken, die besagt, dass jene Ablagerungen die eigentliche Ursache für die Zerstörung von Nervenzellen seien. Die Begegnungen mit einigen dieser außergewöhnlich beeindruckenden Nonnen, die eigentlich Alzheimer hätten haben müssen, jedoch nicht krank waren, haben Snowdon sehr beschäftigt. Als er aber ein Buch darüber schrieb, was das über die medizinische Beobachtung *hinaus* bedeuten könnte, wird ihm prompt aus wissenschaftlichen Kreisen Mangel an Objektivität vorgehalten.

Lebenseinstellung und Lebensumstände, beides ist nicht "messbar" und kann deswegen, wissenschaftlich gesehen, auch nicht berücksichtigt werden. Daran sollten wir immer denken, wenn wir uns auf wissenschaftliche "Erkenntnisse" in der Medizin exklusiv verlassen wollen.

Eigentlich ist es auffallend genug, dass in unserer modernen Gesellschaft – im Gegensatz zu früheren Zeiten, die durch Familienverbund gekennzeichnet waren – zunehmend eine Vereinsamung alter Menschen herrscht. Vereinsamung aber bedeutet, dass es im Leben alter Menschen kaum mehr Neues gibt. Der Lebenskreis wird immer kleiner, immer enger. Lebensvorgänge wiederholen sich tagtäglich, manchmal auch noch zur exakt selben Zeit, wenn der Sozialdienst kommt oder das Essen auf Rädern. In einem Heim ist es kaum anders. Ist es da verwunderlich, wenn das Gehirn seine Tätigkeit herunterfährt und am Ende gar abschaltet?

Der italienische Arzt und Psychotherapeut Vittorio Caprioglio bringt genau das auf den Punkt. "Sich wiederholende Gedanken", so schreibt er, "zwingen dem Gehirn immer und immer wieder dieselben nervlichen Abläufe auf. Es reduziert sich damit auf ein Minimum, verkalkt, reift nicht und verwelkt."

———•———

Übung 10:

Der individuelle Mut-Check

Diese Übung in drei Schritten gibt Ihnen Gelegenheit, Ihren Wünschen, Träumen und Leidenschaften nachzuspüren – und damit auch dem Mut, den Sie in Ihrem Leben dafür aufbringen oder aufbringen möchten …

Die Bedeutung mutiger Entscheidungen

Der erste Schritt ist ein Lebensrückblick. Dafür wäre es gut, ein paar ruhige Minuten zu haben, in denen Sie auch Muße dazu haben, sich ein wenig auf diese Vergangenheitsreise zu begeben. Ein ungestörter, beschaulicher Abend passt gut hierzu.

Durchforsten Sie gedanklich Ihr bisheriges Leben. Welche Vorhaben, Wünsche, Träume oder Pläne gab es in Ihrem Leben, die Ihnen Mut abverlangt haben? Wie sind Sie damit umgegangen? Haben Sie sich darauf eingelassen oder sind Sie zurückgeschreckt?

Schreiben Sie in Stichpunkten auf, was Ihnen einfällt. Vielleicht finden Sie viele Situationen, vielleicht nur wenige. Es wäre aber gut, wenn Sie wenigstens ein Beispiel finden, bei dem Sie es gewagt haben, und eines, bei dem Sie zurückgeschreckt sind.

Nehmen Sie dann jeweils die verwirklichten »mutigen« Schritte und die nicht verwirklichten, eher »ängstlichen« Ergebnisse: Schauen Sie sich an, was diese bei Ihnen und in Ihrem Leben jeweils bewirkt haben.

Wozu haben die mutigen Schritte geführt? Wie fühlen Sie sich, wenn Sie an diese zurückdenken? Haben irgendwelche (oder alle) mutigen Schritte Ihr Leben entscheidend geprägt?

Wie betrachten Sie jene Vorhaben, die Sie nicht verwirklicht haben, wie sehen Sie diese heute? Bereuen Sie, das eine oder andere nicht gewagt zu haben? Würden Sie heute, zurückblickend, anders handeln?

Nehmen Sie dann von Ihrer Vergangenheitsreise eine Mut-Entscheidung (oder auch mehrere, aber ich hoffe, Sie haben wenigstens eine gefunden), die Ihr Leben entscheidend im positiven Sinn mitgeprägt hat, und speichern Sie diese unverrückbar in Ihrem Gedächtnis – oder noch besser in Ihrem Herzen. Machen Sie Ihren ganz persönlichen Mut-Anker daraus, zu dem Sie immer dann greifen können, wenn Sie wieder einmal vor der Entscheidung stehen und sich fragen: »Soll ich es wagen?«

Wo möchten unsere Träume und Sehnsüchte uns hinführen?

Im zweiten Schritt wenden Sie sich dem Heute zu. Gibt es derzeit in Ihrem Leben Ideen, Sehnsüchte, Wünsche, Pläne, die Ihnen Mut oder Risikobereitschaft abverlangen, um verwirklicht werden zu können – möglicherweise auch noch solche aus der Vergangenheit, die unerfüllt geblieben sind? Um was für eine Art von Risiko geht es? Das finanzielle Risiko von Hausbau oder Wohnungskauf? Ein Jobwechsel? Der Umzug in eine andere Stadt? Eine weite Reise alleine? Eine neue Liebe?

Tragen Sie alles zusammen, was Ihnen einfällt, und sortieren Sie es danach, wie sehr Sie hinter diesem Wunsch oder Plan »Leidenschaft« spüren, Freude, Lust darauf – ein tieferes Hingezogensein, das nicht vernunftmäßig begründet ist. Sie können zum Sortieren Sterne vergeben von 1-3 oder, wenn es viele Vorhaben sind, Punkte von 1-10.

Dann können Sie sich fragen, wie viel Beachtung Sie bis dahin diesem Kriterium »inneres Drängen« geschenkt haben. Wenn Sie wollen, können Sie sich in das eine oder andere Ihrer erwünschten Vorhaben hineindenken, indem Sie genau dieses Gefühl innerer Begeisterung intensivieren und dem nachspüren, was es in Ihnen auslöst.

Nehmen Sie dann, falls Sie einen solchen gefunden haben, einen Traum oder Wunsch, der seit jeher unerfüllt geblieben ist, oder einen aus Ihrem derzeitigen Leben, bei dem Sie dieses »drängende innere Bedürfnis« spüren. Überlegen Sie, was Sie tun könnten, um diesem einen wichtigen Wunsch aus Ihrer eigenen Tiefe Gehör zu schenken.

Was traue ich mir im Alter zu?

Den dritten Schritt unternehmen Sie am besten in einem Moment, in dem Sie sich aktiv und voller Tatendrang fühlen. Gönnen Sie sich ruhig ein Glas Wein dazu, es schadet bei dieser Übung nicht.

Projizieren Sie sich in die Zukunft, in das nahe oder noch ferne Alter. Was würden Sie dann gerne machen? Welche Träume, Wünsche, Ideen würden Sie sich gern erfüllen? Schreiben Sie alles auf, was Ihnen einfällt. Tun Sie dies relativ zügig, ohne viel darüber nachzudenken.

Wenn Sie – hoffentlich – eine kleine Liste von Träumen und Wünschen erstellt haben, besehen Sie sich diese und fragen sich als Erstes: Warum habe ich diese Träume für die Zukunft und nicht für jetzt? Was ist es, das *jetzt* dazu fehlt? Geld, Zeit, Antrieb? Entschlossenheit?

Sortieren Sie bei diesen Wünschen jene aus, die jetzt schon machbar wären, wenn auch vielleicht nur in ersten kleinen Schritten. Was könnten Sie tun, um jetzt schon mit der Verwirklichung zu beginnen?

Danach kehren Sie zu den übrigen zurück und fragen sich: Bei welchen dieser zukünftigen Vorstellungen habe ich Zweifel? Welcher Art sind diese Zweifel? Sind Sie finanzieller Art, oder glaube ich, es gesundheitlich nicht zu schaffen? Oder sind es Zweifel ganz anderer Art? Vielleicht, dass meine Familie mich kritisieren wird, dass mein Partner nicht mitzieht, dass ich selbst mich nicht traue, es zu tun?

Konzentrieren Sie sich dann auf einen Wunsch oder einen Traum, der Ihnen sehr wichtig ist, bei dem Sie aber diese

Zweifel haben. Betrachten Sie die von Ihnen vermuteten »Hindernisse«: Sind sie real oder nur angenommen? Überlegen Sie, was Sie tun müssten, um sich diesen Wunsch oder diesen Traum – trotz dieser Hindernisse – erfüllen zu können.

Der persönliche Notizzettel

Was können Sie von Doris Long sowie aus diesem Kapitel für sich persönlich mitnehmen?

Notieren Sie, wozu Doris Long Sie persönlich inspiriert hat, was Sie sich aus diesem Kapitel merken wollen, was Sie eventuell auf sich und Ihr Leben anwenden können. Wenn Sie den Mut-Check gemacht haben, wäre hier die Gelegenheit, eventuell zusammenfassend ein paar wichtige Erkenntnisse – oder noch besser: Vorhaben – zu notieren.

Was hat dieses Beispiel mir persönlich gesagt?

_____

_____

_____

_____

Was könnte ich mir konkret vornehmen?

_____

_____

_____

Was Hänschen nicht lernt,
lernt Hans nimmermehr?
Ein längst überholter Glaube

─── ● ───

Allan Stewart: Bachelor werden mit 91 Jahren

Der Untertitel zu diesem Kapitel müsste eigentlich heißen: Masterabschluss in Klinischen Studien mit 97 Jahren, denn das ist es, was Allan Stewart vor zwei Jahren als letztes vollbrachte. Doch für die Zwecke dieses Kapitels dient uns der Bachelor in Rechtswissenschaften besser. Diesen erhielt Allan Stewart mit 91 Jahren, nachdem er das Studium in Rekordzeit hinter sich gebracht hatte: Statt sechs Jahren brauchte er nur viereinhalb.

Allan Stewart ist ein pensionierter Zahnmediziner, er hatte also schon einmal studiert – allerdings im Jahr 1936. Die größte Herausforderung für ihn, der nach Jahrzehnten seiner Universitätszeit dieses neue Studium mit 87 Jahren aufnahm, war die Technologie. Er hatte sich bis dahin noch nie mit einem Computer beschäftigt. Mit anderen Worten: Er musste sich mit 87 Jahren dieser völlig neuen Herausforderung stellen.

"Ich merkte schnell, dass ich im Hinblick auf Computernutzung so etwas wie ein Analphabet war", sagte er in einem Interview zu einem Journalisten, "und dass ich mein Studium in dieser neuen Zeit nicht schaffen würde, wenn ich mich dem nicht stellte." So brachte er sich die Nutzung des Computers selbst bei. Doch nicht nur das: Er stieg in der Folge auch in die damit verbundenen neuen Lernmethoden ein, wie Online-Diskussionsforen oder Skype-Austausch mit Dozenten. In seinem späteren Master-Studium fiel er regelrecht dadurch auf, dass er diese Mittel intensiv nutzte.

Warum studiert jemand noch in so hohem Alter? Nun, Allan Stewart tat es, weil er "viel Zeit hatte" und geistig aktiv bleiben wollte. Er ist der Meinung, dass es nie zu spät ist, um zu lernen und seinen Horizont zu erweitern. Es sei auch nie zu spät, um neue Freunde zu gewinnen und sich selbst dazu herauszufordern, etwas zu schaffen, was es wert sei. Sein Beispiel könne, so meint er, für alle ein Vorbild sein, besonders für Ältere.

— • —

Wozu kann Allan Stewart uns inspirieren?

Wie bereits im ersten Kapitel angedeutet, folgt uns im Grunde durch alle Kapitel dieses Buches die Maxime: Es ist nie zu spät. Bei Allan Stewart bezieht es sich auf ein sensibles Thema: die geistigen Fähigkeiten im Alter. Das macht es lohnenswert, uns hier mit dem "nie zu spät" genauer zu befassen.

Auf einen ganz besonderen Aspekt erweitert oder auch zugespitzt, wird das sensible Thema hochsensibel: die geistigen Fähigkeiten älterer Menschen zur Nutzung neuer Technologien.

Es gibt weniger Grenzen für Lernen im Alter, als wir meinen

Im Alter lernt es sich nicht mehr so leicht. Wer kennt diesen Satz nicht! Es ist noch nicht lange her, da war man der Ansicht, dass es mit 40 nicht mehr einfach sei, eine neue Sprache zu erlernen, dass ein 50-Jähriger bei allem doppelt so lang braucht, um es sich zu merken, und dass Lernen mit 60 schon an Illusion grenze.

In der Medizin herrschte lange Zeit die Überzeugung vor, dass das Gehirn mit zunehmendem Alter abbaut, ein älterer Mensch somit immer weniger lernen und behalten könne. Noch Anfang des letzten Jahrhunderts war man der Überzeugung, dass die Nervenbahnen im Gehirn festgelegt und nicht veränderbar seien, dass somit der Verfall des Gehirns irreversibel sei, da täglich unzählige Nervenzellen absterben.

Diese Überzeugung wurde nicht als "Meinung" kundgetan, sondern als wissenschaftliche Erkenntnis. Da uns die Doktrinen der Wissenschaft beeinflussen und prägen – auch dann, wenn sie beschränkend und nicht sonderlich dienlich sind –, haben wir früher vorbehaltlos an diese Verfallstheorie geglaubt. Sie war ja "wissenschaftlich bewiesen".

Ende der 80er-Jahre fand eine italienische Neurobiologin heraus, dass diese "Erkenntnis" überholt war bzw. dass sie falsch gewesen war. Seitdem weiß man, dass das Nervensystem im Gehirn nicht auf irreversible Weise genetisch fixiert ist, dass es sich vielmehr immer wieder neu anpassen und sogar regenerieren kann – und das auch in der Altersphase.

Doch es braucht oft lang, bis gängige Ansichten revidiert werden – in der Wissenschaft wie in der Gesellschaft. In Büchern, deren Autoren die überholte, negativ beschränkende Meinung verinnerlicht und bis heute nicht losgelassen haben, findet man dann so etwas wie das folgende Beispiel: die abschätzige Bewertung einer Frau, die mit sechzig Jahren das Studium der Psychologie aufgenommen hatte und dabei nicht ganz so gut abschnitt, wie sie es sich erhofft hatte. "Sie wollte den Jungen zeigen, wie klug auch alte Menschen sein können, und hat nicht bedacht, dass eben weder das Gedächtnis noch die Spannweite des Denkens im Alter sehr groß sind." Das schreibt eine Psychotherapeutin noch im Jahr 2009.

Stereotype Ansichten halten uns oft auch dann noch im alten Denken fest, wenn sie längst überholt sind. Lassen Sie sich davon nicht ins Bockshorn jagen! Seien Sie kritisch, hinterfragen Sie auch wissenschaftliche und medizinische Erkenntnisse, wenn Ihnen Ihr Gefühl sagt, dass es anders sein könnte. Der Arzt hat das grundlegende Wissen in erster Linie aus Büchern, und danach muss er sich richten. Sie aber haben die Freiheit, in Eigenverantwortung an sich selbst und an die Intelligenz Ihres Körpers zu glauben.

Menschen wie Allan Stewart zeigen uns durch ihr gelebtes Beispiel, dass es – neben der oft allgemein herrschenden Meinung zu bestimmten Dingen – eine zweite Realität geben kann: eine, die von Individuen gemacht wird, die an sich glauben und die nicht dem folgen, was die Masse denkt.

Mit 90 Jahren ein Studium in Rekordzeit abschließen, das wird sicher nicht jeder nachmachen können oder wollen. Dennoch waren in Deutschland bereits vor Jahren 10.000 Studenten an diversen Hochschulen als Gasthörer eingeschrieben, die älter waren als 70 Jahre. Das zeigt: Es gibt überall ältere Menschen, die Lust und Freude daran haben, im Alter dazuzulernen. Und die es problemlos schaffen.
Nicht immer geht es um ein Studium. Es gibt auch Menschen, die im hohen Alter noch einen einfachen Schulabschluss machen wollen, so wie der sizilianische Bauer Antonio Sola, der mit 89 Jahren seinen Grundschulabschluss nachholte. Der Afroamerikaner George Dawson gar lernte mit 98 Jahren überhaupt erst das Lesen und Schreiben. Er schrieb danach, mit Unterstützung, sogar noch ein Buch.

Haben Sie irgendwann einmal daran gedacht, noch etwas zu lernen, zum Beispiel eine fremde Sprache für den Urlaub, und ertappten Sie sich vielleicht bei dem Gedanken: 'Ob ich das noch kann? In meinem Alter?' Dann wäre jetzt vielleicht der Augenblick gekommen, diese Frage zu überdenken.

Neue Technologien kann man auch mit 100 Jahren noch meistern

Allan Stewart überzeugte dadurch, dass er Computer, Internet, Onlineforen und Skype mit 90 Jahren bravourös meisterte. Nun wird so manch einer sagen: Immerhin war er Akademiker und war eingeschworen auf lebenslanges Lernen.

Nehmen wir also das Beispiel von Ivy Bean aus Großbritannien hinzu. Sie war weder Akademikerin noch wollte sie im späten Alter studieren. Sie verließ die Schule mit 14 Jahren und arbeitete in einer Fabrik, später als Dienstkraft bei einer adligen Familie. Doch Ivy Bean war neugierig, kontaktfreudig und sehr entschlossen. "Ich hörte von Facebook und wollte einfach wissen, was es damit auf sich hat. Ich liebe es, online zu sein, das ist besser, als mit der Hand zu schreiben!" Das sagte sie als 102-Jährige, die den Computer erst im Altersheim zu nutzen begann.

Ein Jahr später wurde Ivy Bean, mit 103 Jahren, zur ältesten Twitter-Nutzerin des Königreiches: Facebook war ihr zu langweilig geworden, und so ließ sie jemanden kommen, der ihr das Twittern erklären sollte. Dazwischen, dies nur als wirklich wissenswerten Einschub, zog sie, kurz vor ihrem hundertzweiten Geburtstag, auch noch in ein anderes Heim um.

Ivy Bean starb im Jahr 2010 im Alter von 104 Jahren. Ihr Vorbild motivierte viele andere Heimbewohner, es ihr nachzutun.

Etliche registrierten sich in der Folge auf Facebook, andere meldeten sich für Computerkurse an.

Allan Stewart und Ivy Bean könnten uns somit in weitergehender Hinsicht eine Lehre sein: Könnten nicht auch wir uns vorstellen – über unsere Überlegungen zum eigenen Alter hinaus –, irgendwann einmal Vorbild für andere zu werden?

Dazulernen beschränkt sich nicht auf Wissen

Heinrich S. ist einer von denen, die im Alter das Studieren begannen. Er schrieb sich mit 70 Jahren in Theologie ein, studierte es neun Semester lang. Als ich ihn fragte, was seine Motivation dafür gewesen sei, antwortete er, dass er Klarheit haben wollte. Er sei aus "preußisch-puritanischem Elternhaus mit pietistischer Prägung", beschrieb er seine Vergangenheit, doch dann habe er zunehmend Zweifel bekommen, ob dieser fundamentalistische Weg wirklich der richtige sei. Das Studium war für ihn die Befreiung aus einem Glaubensgefängnis. Er ist nun fasziniert von den jungen, progressiven Pfarrern, die neue Wege gehen.
Wer sagt, dass man sich im Alter nicht mehr für neue Gedanken und Erkenntnisse öffnen kann!

Allan Stewart hat der Welt gezeigt, was alte Menschen geistig wirklich noch leisten können. Vielleicht ist aber das, was Heinrich S. uns zeigt, für uns persönlich noch bedeutender. Denn ein Dazulernen beschränkt sich nicht auf Wissen:

Dazulernen bedeutet auch, seine Weltsicht zu erweitern oder zu vertiefen, andere Meinungen zu akzeptieren, Überzeugungen zu modifizieren.

Das ist für viele Menschen eine mindestens ebenso große Herausforderung wie ein Studium im hohen Alter. In den nachfolgenden Übungen gibt es hierzu einige Überlegungen für Sie.

---•---

Übung 11:

Was für eine Einstellung habe ich zu Menschen, die im Alter studieren wollen?

Bisher betrafen alle Übungen Sie selbst, es ging um Sie und Ihr Bild von Ihrem eigenen Alter. Hier möchte ich Sie einladen, sich einmal mit dem zu beschäftigen, was andere im Alter tun, und damit, was Sie davon halten.

Ich wurde einmal im Zug zufällig Zeugin eines Gesprächs zwischen einem jungen Mann und einem Ehepaar, schätzungsweise um die 60. Es ging um Menschen, die im hohen Alter noch studieren. Anders als man vermuten möchte, war es der junge Mann, der dies verteidigte. Er meinte, diese Menschen wollten doch ihren Horizont erweitern, wollten vielleicht noch etwas Bestimmtes erfahren, erleben oder ausloten in ihrem Leben. Er fand es gut, dass jemand sich auch im Alter noch forderte. Das Ehepaar aber fand es absurd und unsinnig. Was man denn in höherem Alter noch lernen wolle

– und vor allem: »Wozu?«, fragten sie. Im Alter noch studieren zu wollen, sei doch nutzlos, da es keinerlei Zweck verfolge und man mit dem Erlernten nichts anfange. Außerdem nähmen diese Alten doch den Jungen nur die Studienplätze weg.

Wie stehen Sie dazu? Teilen Sie die Meinung des jungen Mannes, oder folgen Sie den Ansichten des Ehepaares?

Nachdem Sie sich Ihre Meinung gebildet haben, erweitern Sie den Gedanken und die Frage von Studieren auf Lernen: Welchen Inhalt geben Sie persönlich dem Motto »lebenslanges Lernen«? Was bedeutet es für Sie? Was könnte es für Sie bedeuten?

Übung 12:

Der etwas andere Alterstest

Sie kennen bestimmt die üblichen Tests, die Neurologen uns anbieten, damit wir anhand von Schnelligkeit, Kombinationsvermögen, Logik und ähnlichen Kriterien herausfinden können, wie jung oder wie alt wir in Wirklichkeit sind.

Ich möchte Ihnen hier einen anderen »Alterstest« unterbreiten.

Niemand sieht Ihnen dabei zu oder erfährt von Ihren Ergebnissen. Also haben Sie den Mut, ehrlich zu sich selbst zu sein. Denn nur dann profitieren Sie davon.

Haben Sie auf die meisten Fragen im Leben schon eine Antwort?

Glauben Sie ganz gut zu wissen, »wie Leben geht«?

Ertappen Sie sich oft dabei, dass Sie andere belehren wollen?

Sind Sie der Meinung, dass jemand, der älter ist, prinzipiell mehr vom Leben weiß als ein junger Mensch?

Wenn Sie ganz ehrlich zu sich selbst sind: Wissen Sie in kontroversen Diskussionen meistens schon, was Sie sagen werden, bevor der andere mit seiner Rede geendet hat?

Sehen Sie sich an, wie oft Sie ein Ja auf diese Fragen hatten, und vergleichen Sie es mit den Ergebnissen von Untersuchungen, die in den USA durchgeführt wurden. Dabei ging es darum, wann jemand von anderen als »alt« wahrgenommen wird. Drei der neun Aspekte hatten mit dem Thema »Wissen« zu tun: bereits alles wissen; lieber reden als zuhören; in Streitgesprächen Recht haben wollen, auch wenn man nicht Recht hat.

Jemand, der anderen diese Eigenschaften und Einstellungen vermittelt, wird als alt wahrgenommen – auch wenn er unter Umständen gar nicht alt ist. Beachten Sie das Wort »altklug«, das man auf ein Kind anwendet, dessen Auftreten glauben lässt, es sei älter als es in Wirklichkeit ist. Im Gegenzug dazu vermitteln Menschen, die kalendermäßig tatsächlich alt sind, aber einen flexiblen, offenen und lernwilligen Geist haben, den Eindruck von »jung geblieben«.

Denken Sie das nächste Mal daran, wenn Sie auf Ihrer Meinung beharren: Vielleicht wissen Sie viel, aber doch nicht alles. Vielleicht ist Ihr Gegenüber um vieles jünger als Sie, aber trotzdem ein klein wenig weiser. Vielleicht halten Sie seit Jahren an einer Überzeugung fest, die es wert wäre, überdacht zu werden.

Der persönliche Notizzettel

Was können Sie von Allan Stewart sowie aus diesem Kapitel für sich persönlich mitnehmen?

Wozu hat Allan Stewart Sie persönlich inspiriert, was wollen Sie sich aus diesem Kapitel, den Ausführungen und Übungen dazu merken und auf Ihr Leben anwenden?

Was hat dieses Beispiel mir persönlich gesagt?

_____

_____

_____

_____

Was könnte ich mir konkret vornehmen?

_____

_____

_____

_____

Attraktivität im Alter

———— • ————

»Mit 79 Jahren alle beeindrucken« – Ilse Pätau

Vielleicht ist dies das Kapitel für Frauen, doch es dürfen gern auch Männer dazulernen. Es ist kein Geheimnis, dass das Thema "Schönheit" Frauen öfter anzieht als Männer. Für viele mag es sogar an erster Stelle stehen – solange sie sich jung fühlen. Denn Schönheit und Alter scheinen auf den ersten Blick genauso wenig zusammenzugehören wie Gesundheit und Alter. Genau deshalb gehört das Thema Schönheit mit zu den sieben Pfeilern des übergreifenden Kapitels unter der Überschrift "Stellen wir unser Denken vom Alter auf den Kopf".

"Alt kann nicht schön sein." Das ist es, wovon die meisten überzeugt sind. Ilse Pätau sieht es anders. Und mit ihrer völlig anderen Sichtweise gewann sie im Jahr 2003 im Alter von 79 Jahren den Schönheitswettbewerb "Miss Senior Berlin". Das Wesentliche dabei: Sie war die älteste Kandidatin, gewann gegen bis zu 20 Jahre jüngere Frauen.

Bei diesem Wettbewerb ging es um Stil, Charme, Haltung, Schönheit und Ausstrahlung. Ilse Pätau beeindruckte alle.

Natürlich wurde sie danach interviewt und gefragt, wie sie das geschafft habe, alle so zu beeindrucken. Das, was sie als Erstes aufzählte, klingt wie eine Empfehlung für eine schöne physische Erscheinung im Alter, die jedem schnell einleuchtet: Gymnastik, Tanz und Bewegung sowie gesunde Ernährung, kein Alkohol, kein Fleisch, kein Zucker, kaum Fett. Danach aber kommt das, was unabhängig von einem schönen Körper – man könnte auch sagen: darüber hinaus – beeindruckt und was man nicht ganz so schnell mit Schönheit verbindet: Freude am Leben, Selbstbewusstsein. "Ich habe immer alles mit Freude gemacht", sagte sie. "Und Selbstbewusstsein ist wichtig. Mit Haltung durchs Leben gehen, innerlich und äußerlich."

Wozu kann Ilse Pätau uns inspirieren?

Ich schlage ein einziges Wort vor: Selbstwertgefühl. Dass man sich durch Bewegung und gesunde Ernährung einen schöneren Körper bewahren kann, das ist nichts umwerfend Neues. Was mit zunehmendem Alter viel eher abhanden kommt, ist die positive Sicht von sich selbst.

Ein Lächeln macht ein Gesicht schöner als jede Creme

Wir alle wissen, dass Schönheit im Allgemeinen zuallererst durch die äußere Erscheinung definiert wird: perfekter Körper, faltenfreie Haut, jugendliches Aussehen. Insofern richten sich die Anstrengungen der meisten Frauen genau darauf, diese Attribute zu bewahren oder soweit wie möglich wieder zu erlangen. Fitnesscenter, Schönheitscremes, Botox, das Färben der Haare – das sind einige der gängigsten Strategien. Erstaunt und frustriert stellen sie dann manchmal fest, dass all dies sie nicht wirklich "jünger" gemacht hat – vielleicht, weil sie etwas vergessen haben: Ein schöner Körper mag den Blick auf sich ziehen, doch das, was gefangen nimmt, ist das Lebendige, das aus strahlenden Augen und aus einem Lächeln spricht.

Bezeichnenderweise tötet gerade eines der zunehmend genutzten Schönheitsmittel, das Botox, genau das, was wirkliche Schönheit ausmacht: die offenen, lebendigen Gesichtszüge. Jeder weiß, wie Frauen aussehen, die ungehemmt zu Botox greifen. Ihre Gesichter sind erstarrt. Leider suchen (zu) viele Frauen ihr Schönheitsglück dort, wo es auf Dauer nicht liegen kann: Die Zahl der Faltenbehandlungen mit Botox und Fillern scheinen beständig zu steigen.

—•—

Wozu wollen wir schön sein?

Eine wichtige Frage, die man sich als Frau stellen könnte, wäre zu wissen, wofür man schön sein möchte. Ist es reine Ästhetik, weil man im Spiegel immer nur etwas Schönes vor sich sehen möchte? Ist es, weil man die Allgemeinheit beeindrucken will, weil man glaubt, als schöner Mensch mehr wert zu sein, erfolgreicher zu sein? Oder ist es, weil man die Aufmerksamkeit der Männer auf sich lenken möchte, weil man gesehen, wahrgenommen, bewundert oder geliebt werden möchte?

Sie werden es vielleicht nicht glauben: Ein Großteil der Frauen wäre tatsächlich bereit, Intelligenz zu opfern, wenn sie dies schöner machen könnte. Eine Frauenzeitschrift hat es einmal getestet. Sie befragte über 1000 Frauen im Alter zwischen 25 und 45, ob sie bereit wären, zehn IQ-Punkte abzugeben, wenn sie dafür schöner werden könnten. Zwei Drittel der Frauen wären dazu bereit gewesen.

Ich denke, ganz gleich, welches die persönliche Absicht ist: Wenn man ernsthaft beeindrucken will, wird man nicht an den fundamentalen Werten vorbeikommen, die Ilse Pätau als wesentlich unterstreicht. Ein Gesicht, das nur schön ist, ansonsten aber ausdruckslos, langweilt auf Dauer. Ob man seinen eigenen Wert über die Schönheit definieren sollte, ist mehr als zweifelhaft, und was man davon hat, die Allgemeinheit zu beeindrucken, das bleibt die Frage. In der Arbeit und im Geschäftsleben öffnen sich einem schönen Menschen die Türen vielleicht tatsächlich schneller, sie schließen sich aber genauso schnell wieder, wenn man nicht zu überzeugen vermag.

Vielleicht geht es im Grunde doch überwiegend darum, ob man als Frau mit zunehmendem Alter immer noch Männer beeindrucken kann. Dabei könnte man die Frage etwas zuspitzen: Welche Männer sind es, die man beeindrucken möchte? Wenn es jene sind, denen das Aussehen wichtig ist, die zuerst auf Busen und Po blicken, dann sollte man in der Tat seine ganze Konzentration auf Fitness, Kosmetik und auf das Outfit konzentrieren.

Das Credo, dass sich die Männer nach Frauen eines bestimmten Alters nicht mehr umdrehen, ist ziemlich weit verbreitet. Aber ist es wirklich das, was man als Frau will: dass sich Männer nach einem umdrehen oder einem gar hinterherpfeifen, wie es Bauarbeiter tun? Mal ehrlich: Was hat frau davon? Ein bisschen Ego-Streichelei – ein Kompliment, das nicht mal Ihnen als Person gilt, sondern nur Ihrem Busen, dem Po oder gar nur dem sexy Kleid. Sollte uns das so viel wert sein, dass wir das Sichumdrehen eines Mannes zum Gradmesser unseres Selbstbewusstseins werden lassen? Ich wäre wesentlich alarmierter, wenn mir kein Mann mehr ins Gesicht blickte!

Dass Männer eine Frau ab 50 nicht mehr ansehen – oder schlimmer noch: gar nicht mehr wahrnehmen –, ist eine Mär, vor der sich leider viel zu viele Frauen beeinflussen lassen. Sie zweifeln? Denken daran, dass *Sie* jedenfalls nicht das Gefühl haben, dass sich noch irgendein Mann für Sie interessieren könnte? Dann sind die Übungen am Ende dieses Kapitels für Sie gemacht.

———•———

Selbstwertgefühl hat magische Kräfte

Eine Frau mit dem perfektesten Aussehen dieser Welt, aber ohne Charme und ohne Selbstbewusstsein wird niemanden auf Dauer verzaubern können. Dagegen werden Charme und Selbstwertgefühl einer Frau, die über kein perfektes Aussehen verfügt, bewirken, dass man dieses "Manko" oft gar nicht wahrnimmt.

Menschen, die von innen heraus leben, haben oft eine unglaubliche Strahlkraft. Nicht selten sind es Männer und Frauen, die ihren eigenen Weg gehen, die Visionen haben, die sich gesellschaftlich und sozial engagieren.
In einem Modelwettbewerb für die Generation 50+ mit dem Titel "Gesichter des Lebens", den der Sozialverband VdK Bayern vor einigen Jahren veranstaltet hat, gewann eine 88-Jährige den 2. Platz. Sie wurde umgehend von einem Unternehmen als Model angeworben. Wenn man ein Foto von ihr sieht, weiß man sofort, warum. Marina Lippke mit dem schlohweißen Haar und den strahlend blauen Augen hat ein Gesicht, in dem sich Lebendigkeit und Freude am Leben ausdrücken, das schlichtweg gefangen nimmt. Dahinter steht ein Lebensweg, der reich ist an Zielen und Visionen. Sie hat zwei Waldorfschulen gegründet, unterrichtete selbst noch mit 87 Jahren und ist Trägerin des Bundesverdienstkreuzes.

Ein Leben, das intensiv und voller Freude gelebt wird, macht schön und jung. Das ist ein Schönheitsrezept, das wenig propagiert wird, zu dem Sie aber in jedem Alter Zugang haben

– ganz gleich, wie viele Falten in Ihrem Gesicht sind, ob Ihre Haare schon grau sind oder ob einige Kilos Sie vom gängigen Schönheitsideal trennen.

Der Mann, der sich ernsthaft für Sie interessiert, wird nach der ersten Begegnung vielleicht gar nicht zu sagen wissen, ob da ein paar graue Strähnen in Ihrem Haar waren oder ob es um Ihren Mund eine oder mehrere Falten gegeben hat – an Ihr Lachen aber und an die nicht greifbare Faszination Ihrer Ausstrahlung, an die wird er sich erinnern. Orientieren Sie sich lieber an solchen Dingen. Sie sind verlässlicher als Cremes und Botox, und vor allem: Sie dienen Ihnen selbst mehr.

Schönheit, die durch Selbstbewusstsein, durch Engagement, durch Lebensfreude und Visionen kommt, ist mehr als bloße Fassade. Sie hat folglich den Vorteil, dass sie nicht mit zunehmendem Alter bröckeln wird.

»You need to be sexy at all ages.«

Sie sollten in jedem Alter sexy sein. Das schreiben Drake und Middleton in ihrem Buch *You Can Be as Young as You Think.*

Nein, ich bin nicht dabei, eine Kehrtwende zu vollführen und meinen eigenen Worten zu widersprechen. Lassen Sie sich davon überraschen, wie dieser Satz von den Autoren gemeint ist. Im Alter sexy zu sein, so erläutern sie, werde kaum durch Kosmetik und Schönheitschirurgie bewirkt. Diese seien relativ nutzlos als Strategie für ein spannendes Alter, denn sie seien eben genau das: "kosmetisch" und damit so etwas wie auf Wunschgedanken aufbauende Makulatur. Junges Denken, das sei es, was Anziehungskraft habe, was Sie sexy werden lasse.

Junges Denken soll einen sexy werden lassen? Vielleicht fragen Sie sich gerade, was das heißen soll. Nun, genau genommen ist es all das, wovon in diesem Buch die Rede ist.

Wir sind so verstrickt in die Sichtweisen unserer Gesellschaft, dass wir beim Wort "jung" automatisch an attraktiv und schön denken. Sie können Ihr eigenes Denken testen: Wenn Sie davon hören, dass ein Mann seine Frau wegen einer Jüngeren verlassen hat, was denken Sie als allererstes? Mit großer Wahrscheinlichkeit: Das ist, weil die Jüngere attraktiver ist, einen schöneren Körper hat, noch nicht "verbraucht" ist. Nicht vielen Menschen kommt dabei der Gedanke, dass es vielleicht auch sein könnte, weil die jüngere Frau lebendiger ist, aktiver, unternehmungslustiger, kreativer, humorvoller, spontaner.

Bitte verstehen Sie mich hier nicht falsch. Natürlich geht es nicht darum, im Beziehungsgeflecht Jung gegen Alt auszuspielen. Es geht mir darum, dass Sie sich ein wenig von dem so tief verwurzelten Gedanken lösen, Jungsein sei ausschließlich oder in erster Linie physisches Schönsein.

Ich möchte Sie dazu animieren, sich von der Vorstellung zu trennen, dass Jungsein sich über einen perfekten "biologischen Zustand" definiert und dass es somit etwas ist, das definitiv in der Vergangenheit liegt. Denn das ist es nicht.

132

Ich möchte noch einmal Drake und Middleton zitieren, deren Definition mir zentral und überaus treffend erscheint. "Jugend ist ein *Bewusstseinszustand*", sagen sie. "Es geht um den Wert von Vorstellungskraft, um die Kraft von Gefühlen und den Willen zum Handeln."

Und nun sagen Sie mir: Was davon kann man im Alter nicht mehr verwirklichen oder leben?

Übung 13:

Mich schaut kein Mann mehr an

Ich hatte es Ihnen versprochen: Diese Übung ist für Sie, wenn Sie genau den Gedanken haben, den die Überschrift ausdrückt. Wenn Sie dieses Empfinden oder dieses Erleben haben, dann haben Sie vermutlich auch das Gefühl, dass Sie nicht (mehr) attraktiv genug sind.
Nun stellen Sie sich vor: Ich glaube Ihnen das nicht.

Ja, genau, Sie haben richtig gelesen. Ohne Sie zu kennen, glaube ich einfach nicht, dass Sie nicht so attraktiv sind oder sein können, dass ein Mann auf Sie aufmerksam werden würde. Ganz egal, ob Sie 50, 60 oder 70 Jahre alt sind.

Ich glaube viel eher, dass Sie sich mit jedem Jahr, das verging, gesagt haben: Ich werde älter, jetzt bin ich nicht mehr so jung und schön wie früher. Und ich glaube auch, dass genau dieser Gedanke Ihr Verhalten verändert hat. Und dass dieses verändertes Verhalten – *Ihr* Verhalten – Signale aussendet, die das Gegenteil von dem bewirken, was Sie möchten.

Und nun die gute Nachricht: Das kann man ändern.

Ich schlage Ihnen dazu ein Experiment vor, und ich bin sicher, dass es Ihnen gelingen wird, vielleicht auf Anhieb, vielleicht erst später. Aber irgendetwas wird sich garantiert zum Besseren hin ändern.

Vorab eine Bemerkung: Richten Sie sich für keine dieser Übungen – im Äußerlichen – besonders her! Gehen Sie dafür nicht erst zum Friseur, suchen Sie nicht im Schrank nach dem attraktivsten Kleidungsstück, überlegen Sie nicht, mit welchem Schmuck Sie am hübschesten aussehen. Auch wenn tausend Mode- oder Lifestyle-Magazine Ihnen das bisher eingeredet haben: Sie brauchen das alles erst einmal gar nicht. Versuchen Sie eher, sich des Guten, Schönen und Positiven *in Ihnen* bewusst zu werden und es nach außen zu tragen – nicht umgekehrt, indem Sie Ihr Inneres von dem bestimmen lassen, was Sie im Außen tragen. Nur falls Ihnen bei dieser Übung gar nichts gelingen sollte, werden wir auf das Äußere zurückkommen.

Schritt 1: Den Blick heben

Sie erinnern sich? Ilse Pätau sagte: »Mit Haltung durchs Leben gehen.« Wenn Sie die nächsten Male in der Stadt sind, achten Sie einmal darauf, *wie* Sie gehen. Laufen Sie mit gesenktem Kopf durch die Straßen? Schauen Sie vor sich auf den Gehweg oder fast immer geradeaus? Bemerken Sie selbst eigentlich interessante Männer? Wenn nicht: Wie wollen Sie, dass diese

Sie bemerken? Und wenn Sie selbst eher auf den Boden sehen oder geradeaus, wie wollen Sie dann eigentlich bemerken, ob jemand Sie ansieht?

Notieren Sie sich bei Gelegenheit, wie dieses erste kleine Experiment für Sie war. Traf es auf Sie zu? Hat es Ihnen irgendeinen kleinen Aha-Effekt vermittelt? Oder war es nichts für Sie, weil Sie ohnehin mit hoch erhobenem Kopf durch die Straßen gehen? Dann versuchen Sie es mit dem zweiten Schritt.

Schritt 2: Gut gelaunt durch die Stadt

Warten Sie auf einen Tag, an dem Sie ganz besonders gut gelaunt sind, weil Sie bei irgendetwas erfolgreich waren, weil Sie sich gerade etwas Schönes gekauft haben oder weil Ihnen jemand eine große Freude gemacht hat. Dann beschließen Sie, mit all Ihrer guten Laune und ganz bewusst – aber absichtslos – durch die Straßen der Stadt zu laufen. Den Kopf tragen Sie jetzt vermutlich von selbst höher als zuvor. Beobachten Sie sich auch diesmal und achten Sie darauf, ob andere Sie bemerken. Aber suchen Sie nicht danach.

Versuchen Sie, einfach nur gut gelaunt und absichtslos durch die Stadt zu schlendern. Denken Sie also dabei nicht: ›Ich muss sehen, ob ein Mann mich bemerkt.‹ Denken Sie sich stattdessen: ›Ich tu's für mich! Mal sehen, wie ich mich fühle, wenn ich gut gelaunt durch die Stadt laufe!‹

Registrieren Sie die Aufmerksamkeit, die Sie erregen eher nebenbei. Registrieren Sie auch kurze Blicke: Es bedeutet, dass Sie doch gesehen werden.

Auch hier: Notieren Sie später Ihre Eindrücke und Empfindungen.

Schritt 3: Schauen Sie!

Auch den dritten Schritt tun Sie am besten, wenn Sie gut gelaunt sind. Beim vorhergehenden Schritt sind Sie bewusst durch die Stadt gelaufen, aber es war ein Bewusstsein Ihrer selbst, dessen, wie Sie gehen, wie Sie sich fühlen.

Jetzt gehen Sie mit einem aktiveren Bewusstsein für Ihre Umwelt durch die Straßen: Schauen Sie sich bewusst um. Das heißt nicht, dass Sie jetzt gezielt Männer ansehen sollen. Sie schauen einfach alles um sich herum bewusster an als sonst, nehmen es wahr, nehmen Details in sich auf. Sie gehen sozusagen bewusst schauend durch die Straßen. Lassen Sie sich dabei ruhig überraschen von Dingen, die Sie zuvor vielleicht nie bemerkt haben. Freuen Sie sich über Schönes, das Sie sehen.

Schreiben Sie danach auf, wie Sie dieses weitere Experiment empfunden haben. Gab es einen Unterschied zu den vorherigen Schritten? Sehen Sie eine Entwicklung, so klein diese auch sein mag? Sie könnten sich dazu auch in ein Café setzen und die Notizen hier machen, an diesem anderen Ort.

Schritt 4: Schauen Sie Menschen an!

Bei diesem vierten Schritt ist es besser, wenn Sie nicht in Hochstimmung sind, da würden Sie zu viel Energie in das stecken, was zu tun ist. Am besten gelingt dieser Schritt, wenn Sie in sich ruhen, also wenn Sie in guter Stimmung sind, aber nicht zu ausgelassen, sondern eher ruhig und ausgeglichen. Sie könnten dies zum Beispiel nach einem Yogakurs tun oder wenn Sie gerade meditiert haben, aber auch wenn Sie aus einem Konzert oder einer schönen Lesung kommen. Abgeklärtheit bringt Sie hier am weitesten.

Gehen Sie erneut durch die Straßen, schlendern oder bummeln Sie einfach nur. Schauen Sie dabei aber immer wieder Menschen an, die Ihnen begegnen. Auch hier: absichtslos, Männer wie Frauen, Kinder oder auch Hunde. Nehmen Sie Lebewesen wahr. Sie müssen nicht jede und jeden ansehen. Lassen Sie Ihren Blick einfach schweifen, ziellos und doch sehend.

Vielleicht beginnt das Experiment jetzt, spannend zu werden. Vergleichen Sie Ihre Eindrücke mit den davor gewonnenen. Haben Sie immer noch das Gefühl, dass man(n) Sie nicht sieht?

Schritt 5: Öffnen Sie sich!

Nun kommt die Meisterleistung. Ich rate dazu, diesen Schritt erst dann zu unternehmen, wenn Sie den Eindruck haben, dass Sie die vorhergehenden Schritte gut bewältigt haben. Wenn Sie sozusagen »im Flow« der Übungen sind, wird es gut gelingen. Andernfalls wiederholen Sie lieber noch ein paar Mal das Vorhergehende. Vielleicht reicht es Ihnen ja auch vorerst, was Sie in den anderen Etappen erlebt haben.

Wenn Sie diesen fünften Schritt meistern, wird es Ihnen jedenfalls zweifelsfrei zeigen, dass Sie eine interessante Frau sind, die durchaus Männerblicke auf sich zu ziehen weiß – egal, wie alt Sie sind.

In dieser letzten Phase des Experiments müssen Sie gewissermaßen die vier anderen Phasen integrieren: Mit erhobenem Kopf (das müsste nun schon automatisch der Fall sein), in guter Stimmung und in sich ruhend gehen Sie bewusst durch die Straßen und nehmen dabei alles wahr, insbesondere die Menschen.

Nun aber sehen Sie diese im Vorübergehen bewusst an, geradeso als wollten Sie diesen ein kurzes stummes »Hallo« senden oder ein »Ich-sehe-dich« oder ein »Du-siehst-nett-aus«. Alles liegt im Blick. Lächeln Sie mit den Augen. Sehen Sie Männer wie Frauen an, selektieren Sie nicht nach Geschlecht, nur danach, was Ihnen an Schönem, Interessantem, Nettem begegnet.
Es ist kein direkter, aufdringlicher Blick, eher ein sanftes, aber bewusstes Schweifen mit einem winzig kleinen Moment des Innehaltens. Wenn Sie diesen Schritt gemeistert haben, garantiere ich Ihnen, dass nicht nur ein Mann Sie angesehen haben wird.

Werten Sie am Ende die ganze Serie dieses Experimentes aus. Und wenn es Ihnen gut gelungen ist und es Sie ermutigt hat, dann raten Sie es auch anderen Frauen.

Sollten Sie das Gefühl haben, dass Ihnen nichts davon gut gelungen ist, dann – und erst dann – greifen Sie zu einigen Hilfsmitteln wie Kleidung, Frisur, Schmuck, meinetwegen auch zu einem Glas Sekt. Aber verstehen Sie dies wirklich nur als ein Hilfsmittel, das Ihnen die Aufgabe und den Einstieg erleichtert, nicht als die Lösung.

Der persönliche Notizzettel

Was können Sie aus diesem Kapitel und von der Schönheitskönigin Ilse Pätau für sich persönlich mitnehmen?

Wozu hat Ilse Pätau Sie persönlich inspiriert, was können Sie aus diesem Kapitel, den Ausführungen und Übungen für sich mitnehmen und verwirklichen?

Was hat dieses Beispiel mir persönlich gesagt?

_____

_____

_____

_____

Was könnte ich mir konkret vornehmen?

_____

_____

_____

_____

Zukunft bewusst gestalten und erweitern

———•———

Die ersten sieben Kapitel im vorhergehenden Abschnitt mit der Überschrift "Stellen wir unser Denken zum Alter auf den Kopf" dienten vor allem dazu, Ihnen zu zeigen, dass die negativen Erscheinungen von Alter – anders als gemeinhin angenommen – nicht zwingend sind.

Auch wenn es viele Menschen gibt, die Alter unweigerlich mit Krankheit, Beschränkung und Einsamkeit verbinden, die glauben, dass die geistigen Fähigkeiten nachlassen und man im Alter nicht mehr attraktiv sein kann – es muss nicht so aussehen, und Sie selbst können viel dazu beitragen, dass dieses Negativszenario nicht eintritt.

Vielleicht haben die Übungen zu diesen Kapiteln Sie schon dahingehend sensibilisiert, sich von dem einen oder anderen althergebrachten Gedanken zum Alter zu lösen. Dann werden Sie auch bereits gemerkt haben, dass eine veränderte Sichtweise die Angst vor dem Alter erheblich reduziert.

Die angeblich "zwingenden Realitäten" zum Alter zu hinterfragen, ist als erster Schritt wichtig, denn nur das erlaubt es uns, andere Erfahrungen nicht nur zuzulassen, sondern bewusst zu suchen – und vor allem: aktiv zu erweitern.

Solange wir nicht ganz bewusst erkennen, dass alles, was über das Alter gesagt wird, zwar nicht verkehrt ist, aber nur eine *Teil-Realität* darstellt, so lange werden wir unterschwellig immer Zweifel verspüren, wenn wir anders denken oder handeln wollen als die Masse – oder auch nur anders als unser nächstes Umfeld es gutheißen würde.

Nun geht es darum, die neue Sichtweise zu erweitern – auf ein *Mehr* an konstruktiver "Aufbauarbeit" hin. Die folgenden Kapitel werden Sie also noch gezielter darin bestärken, Ihren eigenen Weg zu gehen, Ihre Überlegungen zu vertiefen und Ihren Lebenskreis kontinuierlich zu erweitern.

Der rote Faden im Leben

Ein Beruf, der Berufung ist, hält lange jung

—•—

Artist aus Leidenschaft – Konrad Thurano, 98 Jahre

Konrad Thurano war zu Lebzeiten der wohl älteste aktive Artist der Welt. Er starb im November 2007 im Alter von 98 Jahren.

Er trat bis zuletzt auf – am Drahtseil, das sein Leben war. Klimmzüge "an einem Finger" waren seine Spezialität, die er mit spitzbübischem Lächeln gern Journalisten vorführte, und das auch zu seinem 98. Geburtstag.

Thurano strahle immer noch Abenteuer, Vitalität und grenzenlosen Optimismus aus, schrieb ein Journalist über den hochbetagten Seiltänzer. Es schien aber, als habe Konrad Thurano gar kein besonderes Rezept für seine Vitalität. Er esse ganz normal und mache auch nur ein paar Kilometer auf dem Heimtrainer, sagte er einmal in einem Interview. Was also war das Geheimnis des wohl ältesten Artisten der Welt? Es war die Liebe zu seinem Beruf.

"Der Beruf lag in mir. Wenn ich noch einmal lebe, würde ich dasselbe wieder machen." Diese Worte stehen für Konrad Thurano und sein Leben. Er war mit 15 Jahren zu diesem Beruf gekommen, doch hatte er sich schon als Kind, wann immer es ging, bei fahrendem Volk aufgehalten. Es war seine Welt. Schon immer.

Er liebe es, in fröhliche Gesichter zu sehen, und habe seine Entscheidung für das Artistenleben nie bereut, betonte er immer wieder. Er liebte die fröhlichen Gesichter seiner Zuschauer, und diese reisten ihrerseits von weit her an, um den Menschen zu erleben, dessen Charme, Witz und Ausstrahlung sie alle in den Bann schlug. Liebenswürdig sei er und sehr authentisch, so wird er in nahezu jedem Bericht beschrieben.

Sein französischer Charme bringe das weibliche Publikum dazu, ihm auch heute noch Küsschen zuzuwerfen, mit englischem Humor weise er seinen Sohn und Bühnenpartner zurecht und mit südamerikanischem Temperament ziehe er sich auf dem Drahtseil lässig das Jackett aus, schrieb ein Journalist einmal über den 96-jährigen Thurano.

Konrad Thurano führte das umtriebige, anstrengende Leben eines international bekannten Artisten, heute hier, morgen da. Er bereiste die Varietés bis nach Tokio und Las Vegas, trat mit Stars wie Charlie Chaplin, Sammy Davis Jr. und Jerry Lewis auf. Doch er hat das Reisen und die ständige Veränderung nie als anstrengend empfunden. Wenn man in seiner Arbeit und seinem Beruf die wahre Berufung gefunden hat, gibt es kaum so etwas wie Stress oder Überarbeitung.

Fröhlichkeit und ein Beruf, den man über alles liebt – auch das also ein mögliches Rezept für ein gutes, hohes Alter.

Wozu kann Konrad Thurano uns inspirieren?

Dieser alte Meister der Zirkuskunst lehrt uns, was es heißt, einen Beruf zu lieben. Damit zeigt er uns auch, dass das Leben bis ins hohe Alter hinein harmonisch, friedlich und erfüllt sein kann, wenn wir das Ureigene in uns gefunden haben.

Mit dem Beruf beginnt gutes Alter oft schon in jungen Jahren

Wenn ich über mein Buch *Leben wagen bis ins hohe Alter* spreche, höre ich Menschen immer wieder sagen: "Das ist bei mir noch nicht dran." Sie beziehen sich dabei auf die zweite Hälfte des Titels und darauf, dass sie zu jung sind für ein solches Buch, da das Alter irgendwann einmal "später" kommt. Das kleine Wörtchen "bis", das im Titel die Worte *Leben* und *Alter* miteinander verbindet, übersehen sehr viele. Menschen wie Konrad Thurano verwirklichen genau dieses kleine Wörtchen: Sie leben mit einem Beruf, den sie in jungen Jahren wählten und der sie ihr ganzes Leben hindurch trägt – "bis" ins hohe Alter hinein.

Vielleicht denken Sie jetzt: 'Wer will schon, so wie Thurano, bis zum 98. Lebensjahr arbeiten?!' Genau in dieser Formulierung läge der Irrtum.

Thurano spricht nicht von "Arbeit", er spricht von Beruf. Genau das werden Sie auch bei allen anderen antreffen, die in ihrem Leben das tun, was ihnen auf den Leib geschrieben ist. Diese Menschen können einen 12-Stunden-Tag haben und werden Ihnen trotzdem sagen: "Ich empfinde das, was ich tue, nicht als Arbeit."

Berufung, dieses Wort scheinen wir in seiner Bedeutung reduziert zu haben auf Priester, große Künstler, Revolutionäre. Wir wissen, dass ein Beruf, der gut für uns ist, mit unserer Eignung und Neigung, mit unseren Talenten zu tun hat. Dennoch reden wir viel öfter von "Arbeit" oder "Job", was weit weniger verbindlich ist. Jobs sind nahezu beliebig austauschbar. Arbeit lässt an Leistung denken und an Geldverdienen, oft auch an Last. In einem Beruf aber sucht man danach, sich selbst zu verwirklichen, oft mit dem bewussten Ziel, seine Talente und Fähigkeiten anderen Menschen oder der Gesellschaft zur Verfügung zu stellen. Der *Beruf* ist es, der Menschen bis ins hohe Alter hinein mit Freude tätig sein lässt, nicht die bloße "Arbeit".

Wirtschaft und Politik mögen daran interessiert sein, dass wir bis ins Alter hinein "arbeiten", was in diesem Zusammenhang bedeutet, dass wir "produktiv" sein sollen. Wir aber sollten daran interessiert sein, nach dem zu suchen, was in uns steckt, was uns als Individuum ausmacht, was uns "zu unserer Identität ruft". Wenn wir das gefunden haben, werden wir aus freien Stücken viel länger "arbeiten" wollen, weil uns das, was wir tun, Spaß macht, Freude bringt und Erfüllung.

Es spielt keine Rolle, ob Sie Ihre Berufung darin sehen, Zahnarzt zu sein oder Automechaniker, ob Ihr Talent Sie Friseuse werden lässt oder Kneipenwirt. Wenn Sie an dem Platz stehen, der zu Ihnen gehört, werden nicht nur Sie selbst glücklich sein, Sie werden der Welt viel geben können, so wie Thurano. Ich habe deswegen das Beispiel von Konrad Thurano ganz bewusst gewählt. Er war "nichts weiter" als ein Zirkusartist – kein Studium, kein Diplom, kein Doktortitel –, aber er ruhte in sich und war glücklich. Und er verstand es, Menschen Fröhlichkeit zu schenken. Damit hat er der Welt auch ein Stück Menschlichkeit zurückgegeben.

Die wunderbaren Worte von Konrad Thurano eignen sich, hier als Frage formuliert, für jeden von uns hervorragend als Leitsatz: "Wenn ich noch einmal lebe, würde ich dasselbe wieder machen?" Wie viele können das wohl bejahen?

Vielleicht verstehen Sie jetzt besser, warum ich anfangs sagte, dass Alter nicht immer etwas ist, das "später" kommt, dass gutes Alter oft schon in jungen Jahren beginnt – dann, wenn man wählt, *wer* man sein will.

Menschen, die eine starke "Berufung" in sich spüren, empfinden sie oft schon in sehr jungen Jahren. Nicht selten müssen sie diese gegen die Eltern und die Familie verteidigen und sich ihren Weg erkämpfen. Künstlern ergeht es oft so.

Zum 80. Geburtstag von Udo Jürgens brachte das Fernsehen einen Film über sein Leben. Auch wenn Sie die Musik dieses Künstlers vielleicht nicht mögen, es geht hier nicht um seine Kunst, sondern um seinen Lebensweg. Von klein auf wollte er nämlich nur eines: Musik machen. Er wolle mit der Musik auf- oder untergehen, sagte er bereits als sehr junger Mensch, als er von der Schule abging. Selbst wenn er nur ein drittklassiger Musiker werden würde und nur Jobs als Hotelpianist bekäme, sei dies immer noch besser, als in einem Bürohaus zu sitzen. Genau das sind die Worte, die man von Menschen hört, die "dem Ruf folgen", wie Udo Jürgens von sich sagt. Seine Eltern, die sehr unkonventionell und offen waren, haben seine Entscheidung toleriert, der großindustrielle Bockelmann-Clan dagegen über viele Jahre hinweg nicht. Der Ruf, dem Jürgens gefolgt ist, führte jedenfalls dazu, dass er mit seinen 80 Jahren immer noch problemlos die Konzertsäle füllte.

Was bedeuten diese Beispiele für Sie? Sie laden dazu ein, sich selbst zu betrachten und das, womit man sich im Leben verwirklicht. Denn wir wissen jetzt: Je kohärenter der rote Faden der ureigenen Identität im Leben verfolgt und im Alter beibehalten wird, umso glücklicher wird man das Alter erleben.

Vielleicht haben Sie sich schon während des Lesens gedacht: Mein Beruf – das bin ich, und Sie fühlen sich wohl, weil Sie gut gewählt haben.

Vielleicht sind Sie jetzt aber verunsichert, weil Sie spüren (oder längst wissen), dass Sie eher eine Arbeit oder einen Job verrichten, als dass Sie einer Berufung folgen.

Falls es Ihnen ein Trost sein kann: Ich bin in meinem Leben mehr Menschen begegnet, die mit ihrer Arbeit nicht zufrieden waren, als solchen, die mich strahlend angesehen hätten und gesagt hätten: "Ich mache genau das, was zu mir gehört, was zu mir passt." Unsere Gesellschaft ist statusorientiert, unsere Eltern sind, wie auch wir selbst, oft genug auch noch sicherheitsorientiert. Dadurch aber werden junge Menschen bei der Berufswahl oft in die falsche Richtung gelenkt.

Was dabei herauskommt, ist, dass zu viele Menschen nicht da stehen, wo sie ihren Talenten und Neigungen zufolge stehen sollten oder könnten.
Eine Arbeit aber, die nicht zu einem "gehört", stresst.
Ein Beruf, der nicht zu einem passt, macht unzufrieden.
Stress und Unzufriedenheit machen krank – und alt.

Was tun, wenn man schon in einem Beruf oder einer Arbeit steckt, von der man weiß oder spürt, dass sie nicht das Richtige für einen ist? Oder wenn man schon immer eine Sehnsucht danach verspürte, etwas ganz anderes zu verwirklichen? Geben Sie nicht auf! Es gibt immer eine Chance in Ihrem Leben, um Ihre ureigensten Talente und Sehnsüchte zu verwirklichen.

Den Lebenstraum niemals aufgeben!

Claus Günther ist heute 83 Jahre alt, und er tut das, was seine Berufung ist: Er schreibt.
Schriftsteller werden, das war sein Traum von Jugend an. Bereits als 13-Jähriger begann er mit dem Geschichtenschreiben, legte sich sogar ein Pseudonym zu – sozusagen im Vorgriff auf die baldige Berühmtheit, von der er träumte. Welch eine Freude, als ein Beitrag von ihm in der Zeitung erschien, welche Enttäuschung, als sein bester Freund eine seiner Geschichten herzlos zerpflückte. Ironischerweise hatte er genau dieser

Geschichte den Titel "Der rote Faden" gegeben – ein roter Faden, der sich in seinem Leben als Schriftsteller über lange Zeit hinweg nicht zum festen, klaren Strang entwickeln konnte.

Sein ganzes berufliches Leben gleicht einer Reihung von "beruflichen Umwegen": Schriftsetzerei, Druckereikaufmann, Verlagswesen, dann Werbeagentur. Alles ähnelt seinem Ziel, doch nichts davon ist das, was er sucht.

Bereits im Rentenalter gibt er nicht auf. Mit 70 Jahren fängt er an, auf plattdeutsch zu schreiben. Geschichten von ihm werden gedruckt, zwei plattdeutsche Bücher erscheinen, schließlich ein Satirebuch. Die Umwege beginnen sich zur "berufenen" Zielgeraden hin zu verändern. Als er über 80 ist, gehört Claus Günther zu den ältesten Poetry-Slammern Hamburgs.

Doch er sucht weiter, hat begonnen, an einem Buch über die deutsche Vergangenheit zu schreiben, die er als Kind und Jugendlicher miterlebte. Er möchte das niederschreiben, was nicht in den Geschichtsbüchern steht. Auch dieses Mal lässt er jemanden Texte aus seinem Manuskript lesen – ganz so wie damals, vor siebzig Jahren, als er seinem Freund jene missglückte Geschichte vorlegte.

Dieses Mal aber ist es anders. "Dies ist das Buch, für das du schreiben gelernt hast", lautet nun das Urteil. Nach sieben Jahrzehnten ist Claus Günther endlich angekommen.

Ob man mit seiner beruflichen Tätigkeit so nah an den eigentlichen Zielen steht wie Claus Günther oder ganz weit weg: Irgendeinen Weg gibt es immer. Ganz Mutige steigen aus. Sie haben bestimmt schon von solchen Beispielen gehört: der erfolgreiche Manager, der Ökobauer wird; die Finanzexpertin, die sich in eine Eventorganisatorin verwandelt; der Versicherungsmann, der den Musiker in sich entdeckt.

Die afro-amerikanische Bluessängerin Sydney Ellis ist heute 67 Jahre alt und begeistert mit ihrem Temperament und ihrer wunderbaren Stimme das Publikum. Ihre Karriere begann sie mit 44 Jahren. Als ich sie fragte, was dazu geführt habe, ihr Talent so spät erst zur Geltung zu bringen, bestand ihre Antwort aus einem einzigen Satz: "Mein Mann", sagte sie, "er hat mich blockiert." Ihre Lösung bestand wohl darin, ein zweites Mal zu heiraten.

Nicht jeder hat den Mut, aus seinem Beruf auszusteigen oder drastische persönliche Konsequenzen zu ziehen. Doch es gibt offenbar immer Chancen.
Die Amerikanerin Donna Dowless begann mit dem Malen erst, als sie sich von einer erfolgreichen Karriere in der Unterhaltungsbranche zur Ruhe setzte. Sie ist der Meinung, dass man gewisse Dinge, die "in einem sind und die einen rufen", tun muss. Genau das tat sie, wenn auch sehr spät. Ihre Gemälde hängen nun weltweit in großen Galerien wie auch im Privatbesitz sehr bekannter Persönlichkeiten.

Auch wenn man sich nicht mehr auf diese Weise verwirklichen kann oder will, gibt es Möglichkeiten, wenigstens etwas von seinen Träumen und Talenten zu leben.
Ilse Pätau, von der im vorherigen Kapitel die Rede war, wollte Tänzerin werden. Das war ihr Lebenstraum – ein Traum, der sich nie verwirklicht hat. Zu allem "Unglück" heiratete sie auch noch einen Mann, den sie zwar über alles liebte, der aber für das Tanzen eher zwei linke Füße zu haben schien. Doch der Esprit von Ilse Pätau fand andere Wege: Statistenrollen, Betreuung von Künstlerkindern, das Ballettüben mit der Enkeltochter – und das Tanzen in der

Küche, wenn sie allein war. Vielleicht sah man ihr auch genau das an bei ihrer Wahl zur Miss Berlin.

Auch Jürgen Schönfeld gehört hierher – der Gewerkschafter, zu dem Kollegen sagten: "Wenn du mit dem Malen aufhören musst, bist du tot." Malen, die Leidenschaft von Jürgen Schönfeld, die vielleicht auch seine verborgene Berufung war. Er brachte jedenfalls viele Opfer dafür. Als Postbeamter im Ruhestand hatte er nur eine bescheidene Rente. Doch er opferte davon achtzig Euro im Monat für ein Atelier, für sein kleines Reich zum Malen. In diesem war es meist sehr kalt, denn die vierzehn Euro, die er zusätzlich für die Heizung aufbringen musste, hatte er nicht immer übrig.
Jürgen Schönfeld litt an Diabetes und kämpfte gegen die Gicht, doch er hat sein Leben als schön empfunden. Solange man Schönes zu sehen in der Lage sei, werde man nie alt, zitierte er Kafka. Das Schöne, das er überall sah und das auch in ihm war, ließ ihn jung erscheinen. Auch wenn sein Äußeres nicht über sein Alter hinwegtäuschen konnte, das, was dazu berufen war, Schönheit auf der Leinwand festzuhalten, das war jung geblieben: Seine Hände wirkten wie die eines Vierzigjährigen, und seine Augen, die das Schöne in allem sehen konnten, hatten ihn nicht im Stich gelassen. Er war 70 Jahre alt und malte seine präzisen, oft kleinteiligen Bilder immer noch ohne Brille.

Ilse Pätau und Jürgen Schönfeld sind anders geartete Beispiele als Konrad Thurano oder Claus Günther. Doch auch sie zeigen Ihnen, wie Sie sich, so gut es geht, treu bleiben können.

Wie auch immer Ihr Weg oder Ihre Lösung aussieht, lassen Sie den roten Faden dessen, was Sie selbst ausmacht, nicht aus Ihren Händen gleiten.

Je näher Menschen an dem sind, was ihre ureigene Identität ausmacht, umso eher werden sie im hohen Alter zu den beeindruckenden und außergewöhnlichen Persönlichkeiten, die in allen Bereichen anzutreffen sind. In meinem Buch *Leben wagen bis ins hohe Alter* habe ich eine große Zahl an Beispielen von Menschen zusammengetragen, die mit 80, 90 oder gar 100 Jahren ihre ureigene Identität lebten: die Performance-Tänzerin, die Landärztin, der Intarsienschreiner, die Stadtführerin, der Sportler, die Geschäftsfrau, ...

'Was aber, wenn der rote Faden definitiv reißt?', so könnten Sie an dieser Stelle fragen. Was ist, wenn man gar keine Arbeit hat oder wenn Krankheit die Lebensträume durchschneidet?

Die Antwort wird Sie überraschen: Der rote Faden kann gar nicht reißen, denn er ist in Ihnen. Sie können diesen roten Faden Ihrer ureigenen Identität aus den Händen gleiten lassen, ignorieren, vergessen oder nicht beachten – aber er wird nie "zerstörbar" sein, denn das würde bedeuten, Sie selbst wären inexistent.

Das heißt, anders herum gesehen, Sie können ihn jederzeit wieder aktivieren, auch wenn Sie ihn vergessen hatten oder er Ihnen eine Zeit lang entglitten war. Alles hängt von Ihnen selbst ab.

Übung 14:

Meine Träume, meine Talente – mein Ich

Dieses Kapitel über die ureigene Identität, über unsere Talente, Neigungen und Fähigkeiten hat viel zu tun mit dem Kapitel »Mut zum Neuen, Mut zum Wagnis ...« (Seite 95), in dem es um Wagnisse ging, um Träume, Wünsche oder Vorhaben, die Ihnen Mut abverlangt haben (oder immer noch abverlangen).

Vermutlich stehen Sie jetzt nicht als junger Mensch gerade vor der Entscheidung, einen Beruf zu ergreifen, sondern Sie haben bereits einen Beruf erlernt und üben diesen oder eine andere Tätigkeit aus. Das bedeutet: Die Überlegungen zu diesem Kapitel sind so etwas wie eine Bestandsaufnahme dessen, wo Sie im Hinblick auf Ihre ureigene Identität jetzt gerade stehen.

Dabei gibt es mindestens drei mögliche Szenarien:

- Sie sind rundum zufrieden mit dem Beruf, den Sie haben, mit der Tätigkeit, die Sie ausüben.

- Sie sind bereits seit einiger Zeit unzufrieden und haben das Gefühl, dass Sie etwas an der Situation ändern sollten.

- Sie sind nicht so zufrieden, können oder wollen jedoch nicht mehr grundsätzlich etwas daran ändern.

Sie sind glücklich mit dem, was Sie tun

Wenn Sie glücklich, zufrieden und erfüllt sind mit dem, was Sie gerade tun, dann können Sie diese Übung einfach überspringen. Oder Sie nehmen es zum Anlass, darüber nachzudenken, wie Sie das wunderbare Potenzial, das Sie derzeit bereits ins Leben bringen, noch weiter oder tiefer ausschöpfen können.

Sie haben das Gefühl, dass Sie etwas ändern sollten

Wenn Sie das Gefühl haben, dass das Leben mehr mit Ihnen vorhatte als das, was Sie gerade tun, kreuzen sich Ihre Überlegungen mit ziemlicher Sicherheit mit jenen aus dem Kapitel »Mut zum Neuen, Mut zum Wagnis …«. Dann geht es vermutlich genau um jenes Thema: um die Wünsche, Träume und Sehnsüchte, die an Ihre Tür geklopft haben – um das Wagnis, seinen Träumen zu folgen.

Vermutlich hat Ihnen das der Mut-Check auf Seite 107 auch schon verraten. Gerade eine berufliche Veränderung fordert in den meisten Fällen erheblichen Mut von uns. Wenn Sie also heute nicht erfüllt sind von der beruflichen Tätigkeit, die Sie ausüben, finden Sie dies wahrscheinlich im Mut-Check unter einer Entscheidung wieder, vor der Sie bislang vielleicht zurückgeschreckt sind.

Ich lade Sie in diesem Fall ein, zurückzublättern und Ihre Aufzeichnungen zu den Übungen in jenem Kapitel hervorzuholen. Sehen Sie nach, ob Sie dort etwas vermerkt haben, was mit Ihrer Arbeit zu tun hat. Falls Sie nichts finden, denken Sie erneut darüber nach, jetzt unter dem Vorzeichen dieses

Kapitels: Woran liegt es, dass Sie mit Ihrer Arbeit, Ihrer Tätigkeit, Ihrem jetzigen Beruf nicht zufrieden sind?

Schreiben Sie die Antworten auf, die Ihnen einfallen. Dann streichen Sie alles, was mit dem Chef, den Kollegen, dem Verdienst, der Fahrtzeit oder dem Arbeitspensum zu tun hat. Filtern Sie also für den Zweck dieser Übung nur solche Antworten heraus, die mehr mit einem »inneren Drängen« zu tun haben als mit äußeren Bedingungen. Dieses innere Drängen manifestiert sich in Worten wie »eigentlich wollte ich immer …« oder »wenn ich könnte, würde ich lieber …«

Wenn an dieser Stelle nichts übrig bleibt, von dem, was Sie notiert hatten, haben Sie vermutlich doch den richtigen Beruf, und Ihre Unzufriedenheit bezieht sich weit mehr auf die *Form der Ausübung* dieses Berufes. Zwar kann auch diese nach Veränderung rufen, es ist dies aber nicht eine Veränderung, um die es in diesem Buch geht. Hier geht es einzig darum, ob man mit dem, was man beruflich tut, »nahe bei sich selbst« liegt.

Wenn nach diesem pragmatischen »Filterprozess« Antworten übrig geblieben sind, haben diese vermutlich eine gewisse Tiefe. Sehen Sie sich das an. Wenn Sie etwas an Ihrer derzeitigen Situation verändern würden, würde es Ihrem Leben einen anderen, neuen, tieferen Sinn geben?
Stellen Sie sich die Fragen ganz gezielt mit Hinblick auf Ihre berufliche Tätigkeit, und gehen Sie zurück zu Seite 95, denn dann geht es mit ziemlicher Sicherheit um ein grundsätzliches Wagnis.

Sie sind nicht zufrieden, können aber nichts mehr daran ändern

Nein, Sie brauchen nicht frustriert zu sein. Für Sie ist es – beruflich gesehen – so, wie es ist. Doch auch Sie haben noch viele Möglichkeiten, wenn Sie es wollen. Dazu sollten auch Sie, so wie im vorhergehenden Abschnitt beschrieben, das herausfinden, was an Träumen und Sehnsüchten von Selbstverwirklichung und Sinnfindung in Ihrer Tiefe liegt. Sie wollten gern Musiker sein und sind Finanzbeamter? Sie wären gern Lehrerin geworden und sind Zahnarzthelferin? Sie lieben die Natur und Tiere, doch statt Förster oder Tierarzt zu sein, sitzen Sie in einem Büro vor dem Computer?

Wenn Sie glücklicher und erfüllter sein wollen, wenn Sie nicht mit zunehmender Frustration das Ende Ihrer beruflichen Laufbahn oder Ihres Anstellungsverhältnisses herbeisehnen wollen, dann spüren Sie Ihren tiefer gelegenen Talenten, Neigungen und Leidenschaften nach. Was können Sie besonders gut, ohne dass Sie bisher die Gelegenheit hatten, es auszuschöpfen? Was bereitet Ihnen tiefe Freude? Was erfüllt Sie mit Begeisterung, sobald Sie auch nur daran denken?

Vielleicht wissen Sie es sofort, weil die Träume in Ihnen lebendig geblieben sind. Vielleicht müssen Sie aber auch etwas tiefer schürfen. Nehmen Sie sich Zeit hierfür. Reservieren Sie sich einen, zwei, drei oder auch mehr Abende für die wunderbare Aufgabe, auf die Suche nach Ihrem verloren gegangenen, verblichenen oder unsichtbar gewordenen Selbst zu gehen. Ich verspreche Ihnen: Sie werden daraus mit neuem Elan hervorkommen, mit Zuversicht, mehr Lebensmut und – mit neuen Plänen.

Wenn Sie mehrere Dinge finden, die Ihnen Freude machen, dann versuchen Sie, die Spreu vom Weizen zu trennen: Sortieren Sie das aus, was Ihnen »nur« Freude macht, und versuchen Sie, sich auf das zu zentrieren, was einer Identität am nächsten kommt.

Ein kleines Beispiel hierfür: Sie lieben Natur und Tiere, sind gern im Garten, wandern gern und haben Freude daran, mit Tieren zusammen zu sein. Was davon kommt Ihrem ureigenen Sein am nächsten? Ist es das Gärtnern, könnte es ein Ziel für Sie werden, in einen Hobbyverein für Blumenzucht einzutreten. Ist es das Wandern, könnten Sie einen Kurs zum Naturführer machen, um Wanderfreudige zu leiten. Sind es die Tiere, wäre eine Möglichkeit die, sich beim lokalen Tierheim als Freiwilliger zu melden.

Damit diese Übung wirklich den Sinn erfüllt, den sie für Sie haben soll, ist es wichtig, dass Sie Ihrer *ureigenen Identität* auf die Spur kommen. Dann können Sie sich – so wie in den soeben genannten Beispielen – überlegen, wie Sie dieser Geltung verschaffen können.

Sie werden damit nicht nur sich selbst mehr im Leben spüren, Sie haben auch eine wunderbare Basis dafür gelegt, sich bis ins hohe Alter hinein eine erfüllende Aufgabe geschaffen zu haben. Und Sie werden merken, dass das, was Ihnen vom Lebenssinn her am nächsten ist, in den meisten Fällen auch anderen etwas zu geben weiß. Machen Sie sich auf den Weg zu dieser wunderbaren Entdeckungsreise.

Der persönliche Notizzettel

Was können Sie von Konrad Thurano und den Beispielen dieses Kapitels für sich persönlich mitnehmen?

Wozu haben Konrad Thurano, Claus Günther und die anderen Beispiele Sie persönlich inspiriert, was können Sie aus diesem Kapitel, den Ausführungen und Übungen für sich mitnehmen und verwirklichen?

Was hat dieses Beispiel mir persönlich gesagt?

_____

_____

_____

_____

Was könnte ich mir konkret vornehmen?

_____

_____

_____

_____

Von der Offenheit des Geistes
Altsein beginnt im Denken, Jungbleiben auch

━━●━━

Spontan, neugierig, abenteuerlustig – Alter: 77, Name: Heidi Hetzer

Viele dürften sie kennen, denn ihr Name und ihr Bild gingen durch die Medien, als sie Anfang August 2014 zu ihrer Weltumrundung aufbrach. Heidi Hetzer, eine ungewöhnliche Frau.

Ungewöhnlich ist sie auf der ganzen Linie, denn sie räumt mit Stereotypen gleich reihenweise auf: Frau und Technik, Frau und Autos, Frau und Wagnis, Frau und Alter.
Übersetzt heißt das: Sie ist gelernte Kfz-Mechanikerin, fuhr ein halbes Leben lang Rallyes, machte das verschuldete Familienunternehmen zu einem der größten Opel-Händler in Deutschland und stellt eine spannende Frau dar, die mit ihrem pfiffigen Gesicht um vieles jünger wirkt.

Lässt man mit der Kfz-Lehre und dem Unternehmertum die Hälfte dieser Attribute weg, bleiben die für dieses Kapitel wesentlichen Eigenschaften übrig. Sie werden sichtbar im

Rallyefahren, in der Weltumrundung und in dem, was Heidi Hetzer über sich als Person sagt.

Gäbe es einen Steckbrief zu Heidi Hetzer, müsste drinstehen: nicht greifbare, unberechenbare Frau; Kennzeichen: äußerste Mobilität, hohe Risikobereitschaft; Hinweis: nicht nach "alter Frau" suchen, auch wenn Medien sie so betiteln.

In der Tat, Heidi Hetzer – das ist: Leidenschaft, Spontaneität, Kommunikationsfreude, Abenteuerlust. "Ohne Autos geht bei mir gar nichts", schrieb sie einmal über sich selbst. "Sie sind meine Leidenschaft."

Diese Leidenschaft und Begeisterung mündet mit der begonnenen Weltumrundung in die Verwirklichung ihres Lebenstraumes: es der Rallyefahrerin Clärenore Stinnes nachzutun, die zwischen 1927 und 1929 die Welt umrundet hat.

Eine Weltumrundung im Oldtimer, das bedeutet Abenteuerlust, Flexibilität, Risikobereitschaft – Eigenschaften, die man der Jugend zuschreibt. In der Tat hat Heidi Hetzer auf ihrer Reise jede Menge von Hindernissen zu überwinden, die man sonst nur aus Erzählungen von jugendlichen Rucksacktouristen kennt.

Heidi Hetzer: Sie mag, kalendarisch gesehen, 77 Jahre alt sein, vom Wesen her lebt, denkt und fühlt sie jung.

"Ich bin ein sehr offener und neugieriger Mensch, der sich für alles interessiert", schreibt sie über sich. "Deshalb kenne ich auch viele unterschiedliche Menschen, treffe überall alte Bekannte und freue mich über neue Bekanntschaften.

Spontaneität, Neugier, Kommunikationsfreude - das alles sind Attribute von Jugend. Sie plant vieles im *last minute*-Modus. Heute weg und morgen zurück, das ist Heidi Hetzer. Wer das mit 70 noch kann, braucht auch die 90 nicht zu fürchten.

Beim Start zu ihrer Weltumrundung zeigte sich mit eindrucksvoller Deutlichkeit, wie "jung sein" im Innen und Außen divergieren können: Der erste Beifahrer, den sie sich für die Reise ausgesucht hatte, stieg nach wenigen Tagen schon aus - ihm war das Ganze zu riskant. Er war gerade mal 25 Jahre alt. "Zu ängstlich", so Heidi Hetzer. Vielleicht auch nicht flexibel genug, die "riskante" Fahrweise einer Frau richtig einzuschätzen - einer Frau, die immerhin ihr ganzes Leben lang Rallyes gefahren ist und dabei über 150 Preise gewonnen hat.

Wozu kann Heidi Hetzer uns inspirieren?

Heidi Hetzer inspiriert zu einer ganzen Palette von Eigenschaften und Verhaltensweisen, die man in zwei Worten zusammenfassen kann: junge Denkweise.

Heidi Hetzer zeigt uns, was ein "young brain" ist. Die bereits zitierten Autoren Drake und Middleton weisen unablässig hin auf den Unterschied zwischen "old brain" und "young brain". Dabei geht es nicht etwa um das neurologisch "junge Gehirn", es geht um eine junge, sprich lebendige Denkweise.

Phantasie, Begeisterung, Neugier, Offenheit, Risikobereitschaft, Tatkraft – das sind sie, die Attribute einer jungen Denkweise.

Neugier auf das Leben

Wenn es irgendeine Eigenschaft gibt, die man bei allen aktiven und dynamischen Hochaltrigen antrifft, dann ist es diese: Neugier auf das Leben. Das ist das Resümee, das ich aus meinen Recherchen gezogen habe. Neugier ist allen zu eigen – Hulda Crooks, die den Fujiyama besteigt; Hermann Pünder, den die digitale Fotografie begeistert; Phyllis Self, die neugierig ist auf Menschen; Doris Long, die eine Abseilwand entdeckt; Allan Stewart, der noch einmal studiert; Ivy Bean, die wissen möchte, was es mit Facebook auf sich hat; Claus Günther, der sich ständig neue Geschichten ausdenkt.

Viel wird darüber geschrieben, wie man gut alt werden kann, und gewiss findet sich die "positive Einstellung zum Leben" darin wieder. Das Wort Neugier aber taucht selten auf. Was ist der Unterschied zwischen "positiver Einstellung" und "Neugier aufs Leben"? Der Unterschied ist, dass Neugier zukunftsorientiert ist. Eine positive Einstellung kann dies sein, muss es aber nicht sein.

Neugier aufs Leben bedeutet: gespannt sein auf das Morgen, auf das, was kommt, was einem das Leben noch bieten kann, was es an Neuem noch zu entdecken gibt. Genau deshalb ist es ein so kennzeichnendes Merkmal für alle, die ihr Alter, insbesondere ihr hohes Alter, auf außergewöhnliche Weise anders leben. Denn je älter Menschen werden, umso weniger "Zukunft" scheint es in ihrem Denken zu geben. In der Tat gibt es einen Satz, den man nur allzu oft hört: "Das Alter hat keine Zukunft."

Genau das aber ist falsch bzw. eine Sicht, die "Zukunft" auf eine sehr eingeschränkte Weise interpretiert und dadurch nur noch bedingt richtig ist. Natürlich hat ein 80-Jähriger keine 50-jährige "Zukunft" mehr vor sich, wie ein 20-Jähriger sie zu haben glaubt (mit Sicherheit wissen kann auch dieser es nicht). Doch "Zukunft" ist auch all das, was morgen geschieht, in einer Stunde, in der nächsten Minute.

Genau darin liegt das Geheimnis des Lebenselixiers "Neugier", das meiner Ansicht nach weit mehr belebt als jedes Mittel aus Drogerie oder Apotheke. Ein Mensch, der sich seinen neugierigen Geist bewahrt hat, ist, so wie Heidi Hetzer, permanent auf Entdeckungsreise zu neuen Erfahrungen, neuen Begegnungen, neuen Erkenntnissen. Ein solcher Mensch ist nicht rückwärts orientiert in seinem Leben und Denken, trauert nicht vergangenen Freuden nach, jammert nicht über verpasste Chancen: Es könnten sich ja morgen schon neue ergeben.

Gespannt darauf sein, was das Morgen uns bringt, das haben viele Menschen verlernt, manchmal schon in frühen Jahren. Was ist der Grund dafür? Einer der Gründe ist unsere Einstellung zum Alter, der zweite ist die Routine in unserem Leben. Damit kommen wir zu dem, was dieses Kapitel uns sagen kann.

Die weit verbreitete – oder auch: tief verwurzelte – Denkweise zu "Alter" ist die, dass nicht mehr viel Neues kommen kann. Wir wissen ja spätestens mit 40 oder 50 Jahren, "wie Leben geht", haben auf das meiste eine Antwort, kennen die Menschen, mit denen wir umgehen, in- und auswendig.

Im Allgemeinen betrachten wir das *ereignisreiche* Leben mit Erreichen des Rentenalters als mehr oder minder abgeschlossen. Natürlich leben wir auch danach noch, gehen auf Reisen, pflegen unser Hobby, treffen uns mit Freunden. Doch wie viel Neues lassen wir mit zunehmendem Alter noch in unser Leben?

War man nicht doch die letzten zehn Jahre im selben Hotel in Tirol? Entdecken wir in unserem Hobby noch Neues oder pflegen wir das Altbekannte weiter? Zum wie vielten Mal gehen wir mit unseren Freunden in dasselbe Lokal? Gab es überhaupt in den letzten zehn Jahren eine neue Freundschaft in unserem Leben?

Das sind einige der Fragen, die man sich stellen könnte.

———•———

Sich vom Leben begeistern lassen

Neugier ist ein schillernder Begriff, der oft anders ausgelegt oder verstanden wird als hier ausgeführt. Neugier wird dann als "etwas wissen wollen", schlimmstenfalls als "Gier" nach Neuem oder als Einmischung in das Leben anderer gesehen. Das positive Verständnis von Neugier aber, so wie es hier vertreten wird, speist sich aus der Lust, Neues im Leben zu entdecken und zu erfahren. Dem liegt die Fähigkeit zugrunde, sich für etwas zu begeistern, das man (noch) nicht kennt, aber gern kennenlernen möchte. So wie Heidi Hetzer, wenn sie sagt: "Es gibt hier so viel Schönes und Interessantes und vor allem ständig Neues – das möchte ich erleben." Es ist so etwas wie eine nicht definierbare Vorfreude auf die Spannbreite dessen, was das Leben einem – über das Altbekannte hinaus – alles bieten kann.

Sich für etwas begeistern, das man kennt und liebt – so wie für ein leidenschaftliches Hobby –, ist noch relativ einfach, auch wenn viele ältere Menschen oft selbst das verlernt haben.

Sich für Unbekanntes zu begeistern erfordert jedoch mehr. Es erfordert die Bereitschaft, aus der Routine herauszutreten und sich *bewusst* auf etwas einzulassen, das nicht zum gewohnten Lebenskreis gehört. Das bedeutet nicht, dass man all das, was man erfährt und erlebt, gut finden muss oder es in sein Leben integrieren muss. Es ist schlicht ein Erkunden, Sondieren, Ertasten, Ausprobieren. Es hat viel mit der Offenheit des Geistes zu tun, mit Aufnehmen, Zulassen, Zuhören.

Je älter man wird, umso mehr begrenzt, umso exakter definiert sich jedoch meist auch unser Lebenskreis. Testen Sie es selbst. Sie sind Liebhaber der klassischen Musik? Würde es Ihnen im Traum einfallen, einmal ein Popkonzert zu besuchen, einfach nur um zu sehen, was das in Ihnen vielleicht auch an positiven Effekten auslösen kann?
Oder: Sie sind eingefleischter Anhänger einer bestimmten Partei? Könnten Sie sich vorstellen, sich eine Idee der Gegenpartei nicht nur obligatorisch anzusehen, sondern sich dafür

zu begeistern – einfach, weil diese vielleicht wirklich gut sein könnte?

Oder checken Sie Ihren Freundes- und Bekanntenkreis im Geiste: Wie viele Personen *unterschiedlicher* sozialer, kultureller, politischer, gesellschaftlicher "Couleur" sind darin vertreten?

Kleine Kinder gehen auf jeden zu. Jugendliche sind meist recht experimentierfreudig. Junge Erwachsene sind immer noch relativ offen. Doch je älter man wird, umso stärker definiert sich unser Lebenskreis. Man könnte auch sagen: umso begrenzter wird er. Wir umgeben uns oft nur noch mit ein- und demselben Typus von Menschen, mit Lebensbereichen, die uns bekannt und genehm sind. Und wir wundern uns dann im Alter, dass unsere Welt sehr klein geworden ist.

Phantasie, das Markenzeichen eines jungen Geistes

Neugier und Begeisterung führen uns schnurstracks zu dem Merkmal eines jungen oder jung gebliebenen Geistes, das eng mit diesen verwandt ist: die Vorstellungskraft oder auch Phantasie.

Sie erinnern sich an die Definition von Drake und Middleton? Jugend als ein Bewusstseinszustand, der unter anderem durch die Kraft und Spannweite unserer Phantasie bestimmt wird. Neugier öffnet sich dem Neuen, Begeisterung lässt Neues zu. Phantasie schafft Neues. Phantasie ist schöpferisches Denken.

Kinder haben nicht das geringste Problem mit der Phantasie. Sie kreieren unablässig imaginäre Welten: Sie "hören" Feen sprechen, reden mit ihren Puppen, schütteln Bäumen die Hand. Jugendliche finden diese Phantasie Kinderkram, haben aber immer noch die Vorstellungskraft, sich beim Fußball-spielen als ein zukünftiger Star zu sehen oder wie sie eine Musikband gründen, mit der sie die Welt erobern wollen. Als junger Erwachsener beginnt man dann, sich von Phantasien zu lösen, der Beruf und der Ernst des Lebens stehen vor der Tür; die Phantasien wandeln sich vielleicht in real wirkende Hoffnungen, davon, eine glückliche Familie zu haben, gut zu verdienen, ein Eigenheim zu erwerben. Wenn man dann 40 oder 50 Jahre alt ist, traut sich die Phantasie vielleicht nur noch nachts in unsere Träume oder schaut uns aus den Märchen entgegen, die wir unseren Kindern vorlesen.

Es mag nicht von ungefähr kommen, dass sich das Vorurteil gebildet hat, ältere Menschen könnten so ziemlich alles sein, nur nicht kreativ. Oft trifft es tatsächlich zu. Nicht jedoch, weil sich Alter und Kreativität ausschließen, sondern weil wir selbst uns mit zunehmendem Alter von der Kreativität verabschieden.

———— • ————

Übung 15:

Wie jung bin ich geblieben?

Man ist so alt, wie man sich fühlt, diesen Spruch kennen Sie sicher. Er ist gewiss zutreffend, und vermutlich fühlen auch Sie sich wesentlich jünger, als Sie sind, sonst hätten Sie dieses

Buch nicht gekauft. Das ist wunderbar und eine gute Ausgangsbasis. Dennoch: Testen Sie sich ein wenig, inwieweit
das Sich-jung-Fühlen auch Ihren Geist und Ihre Denkweise
erfasst. Vielleicht lässt sich da noch ein wenig mehr machen.
So wie immer: Niemand sieht Ihnen dabei zu oder erfährt
von Ihren Ergebnissen. Sie profitieren für sich selbst wirklich
nur davon, wenn Sie ehrlich sind.

Reservieren Sie sich einen schönen Abend. Ja, in der Tat, hier
sage ich nicht »zehn Minuten«, wie bei so manch einer der
anderen Übungen. Für die folgende Übung lohnt es sich,
ein, zwei Stunden am Abend zu reservieren, um sich und die
Entdeckung des jungen Geistes zu zelebrieren. Zelebrieren
bedeutet: Sie können dazu eine schöne Musik auflegen und
sich ein Glas Wein gönnen, wenn Sie wollen.

Offenheit

Hier möchte ich gern auf das zurückkommen, was ich weiter
oben im Text ansprach: den sich immer stärker »begrenzen-
den« Interessen- und Lebenskreis.
Nehmen wir hierzu vier Bereiche: Essen, Musik, Bücher und
Freunde. Ich hoffe, dass ich damit alle oder fast alle Leser irgendwie erreichen kann.

Sie lieben ganz besonders die italienische Küche, die chine-
sische, indische oder essen gerne gutbürgerlich-deutsch?
(Ersetzen Sie es gegebenenfalls durch *Ihre* bevorzugte Küche.)
Wie viel an Überredungskunst braucht es, um Sie dazu zu bewegen, eine ganz andere Küche auszuprobieren? Isländisch,
afrikanisch oder kambodschanisch zum Beispiel?

Sie sind Liebhaber klassischer Musik oder von Rock, Jazz, Metal? (Ersetzen Sie es gegebenenfalls durch *Ihre* bevorzugte Musik.) Gibt es in bei Ihnen im Regal auch von anderen Musikrichtungen wenigstens die eine oder andere CD? Und hören Sie diese auch ab und zu?

Falls Sie gern lesen: Wenn Sie auf Ihr Bücherregal schauen, welche Gattung von Literatur/Büchern taucht da überhaupt nicht oder kaum auf? Krimis? Romane? Gedichte? Politische Literatur? Ratgeber? Spirituelle Bücher?

Sie sind stolz auf Ihren Freundes- und Bekanntenkreis? Besehen Sie sich im Geiste den »Typus« Ihrer Freunde, vor allem aber den Ihres Bekanntenkreises (der vermutlich größer ist als der Freundeskreis): Sind es überwiegend Menschen, die haargenau zu Ihnen passen? Sportskollegen, Umweltschützer, Tierfreunde, Kulturbegeisterte, Politfreunde?

Besehen Sie sich Ihre Antworten, und überlegen Sie, ob es vielleicht gut für Sie wäre, sich dem einen oder anderen in Ihrem Leben zu öffnen. Notieren Sie sich die Vorschläge, die Sie für sich selbst haben.

Wohlgemerkt: Es geht dabei nicht darum, sich von nun an für alles gleichermaßen zu interessieren, es geht nur darum, das »andere« überhaupt in sein Leben zu lassen.

Begeisterung

Wenn ich Ihnen hier und jetzt aus dem Stehgreif die Frage stellen würde: Wofür können Sie sich dermaßen begeistern, dass Ihr Puls höher schlägt? – Was könnten Sie darauf antworten? Und wenn ich Ihnen eine zweite Frage stellen würde, die lautet: Für wie viele Dinge konnten Sie sich als junger Mensch begeistern, und wie viele Dinge sind es heute? – Wie würde der Vergleich ausfallen?

Je nachdem, wie alt Sie sind, fielen die Antworten vielleicht mäßig aus. Nicht wahr, Begeisterung und Alter scheinen in unserem Denken irgendwie nicht zusammenzugehören ... Es scheint eine Eigenschaft der Jugend zu sein.

Insofern gäbe es hierzu zwei interessante Übungen, im Sinne von Reflexion. Die erste betrifft den Vergleich mit früher. Wandern Sie nun mit etwas mehr Ruhe zurück in Ihre jungen Jahre, und fühlen Sie sich in die Dinge hinein, die Sie damals begeistert haben. Was war es, und weshalb hat es Sie begeistert?
Fragen Sie sich danach, warum es Sie heute nicht mehr begeistert. Vielleicht hat sich das eine oder andere »überholt«. Vielleicht aber haben Sie es fallen lassen, weil es »nicht mehr zu Ihrem Alter passt«.

Die zweite Überlegung betrifft das Heute: Wenn es etwas gibt, das Ihren Puls höher schlagen lässt: Trauen Sie sich, diese Begeisterung auch zu leben, zu zeigen? Wenn nicht, dann denken Sie ein wenig darüber nach, warum dies so ist und was es für Sie bedeuten könnte, dies zu ändern.
Falls Sie nichts gefunden haben, das Ihren Puls heute noch höher schlagen lässt, können Sie sich noch daran erinnern, wie dies früher war? Wenn ja: Wäre es nicht schön, auch heute, in Ihrem derzeitigen Alter, dieses Gefühl der Begeisterung für etwas empfinden zu können? Können Sie nicht

doch etwas finden, wofür Sie sich, nach neuer Überlegung, begeistern könnten?

Notieren Sie sich ein paar Stichpunkte dazu, wie es mit der Begeisterung in Ihrem Leben aussehen könnte – wenn Sie dieser wieder (oder weiter) die Türe öffneten.

Spontaneität

Spontan sein hat etwas mit dem jeweiligen Charakter zu tun, aber auch mit Jugend und Alter. Zögerliche Menschen gibt es auch unter Jugendlichen, dennoch ist »Au fein, das machen wir!« als spontane Antwort auf einen Vorschlag wesentlich häufiger von jungen Menschen zu hören.

Schließen Sie für einen kurzen Augenblick die Augen, und lassen Sie das Wort »spontan« in Ihrem Inneren auftauchen. Was für ein Gefühl stellt sich da bei Ihnen ein? Ist es positiv und klingt nach Lebensfreude? Oder eher negativ und nach unliebsamer Überraschung? Spüren Sie dem ein wenig nach.

Wenn bei Ihnen das Wort »spontan« eher negativ besetzt ist, wird Ihnen diese Übung vermutlich wenig sagen. Sie können natürlich trotzdem gern mit dem folgenden Absatz ein wenig »weiterdenken«, wenn Sie das wollen.

Wenn es Sie eher zum positiven Gefühl zieht, ist das wunderbar. Dann bliebe als Überlegung, ob Sie es nur generell positiv finden oder es auch konkret leben? Sollten Sie es nicht leben, können Sie sich fragen, zu welchen Gelegenheiten Sie gern spontaner wären und was Sie daran hindert: Ist es in der Begegnung mit anderen Menschen, bei eigenen Entscheidungen oder eher dann, wenn jemand mit einem Vorschlag für eine gemeinsame Freizeitunternehmung an Sie herantritt?

Die Möglichkeiten, es zu ändern, sind jeweils unterschiedlich und auch verschieden schwierig. Wenn Sie gern üben möchten, spontaner zu werden, ist die letzte Variante vermutlich die leichteste. Diese kollidiert nämlich weniger mit unserem Charakter als mit unseren Planungen: Spontane Menschen, die mit Ideen und Vorschlägen an uns herantreten, rennen sich am häufigsten an unserer »Mauer lückenloser Planung« die Köpfe ein. »Am Wochenende? Ach, da wollten wir …«; »Heute Abend? Da hätte ich schon …«; »Nächste Woche? Hm, also, da bin ich am Montag in …, am Dienstag bei …, am Mittwoch zum …« Spontane Menschen, die diese Zeilen lesen, wissen wahrscheinlich sehr genau, was ich damit meine und welche Frustration es für lebensfrohe Geister ist, auf ein vorausgeplantes Leben aufzulaufen.

Wenn eine Kollegin oder ein Kollege Sie also das nächste Mal unerwartet fragt, ob Sie mit ihr oder ihm etwas trinken gehen wollen, und wenn Ihr erster Gedanken- oder Gefühlsimpuls ein ›wäre eigentlich ganz nett‹ ist, dann sagen Sie doch einfach mal spontan ja. Ebenso wenn ein Freund, den Sie lange nicht mehr gesehen haben, fragt, ob Sie etwas mit ihm unternehmen möchten, weil er gerade in der Stadt ist. Denken Sie dieses eine Mal nicht gleich an all das, was Sie sonst vorhatten. Machen Sie ihm die Freude – und sich selber auch.

Opfern Sie ab und zu Ihre perfekte Planung zugunsten des momentan stattfindenden Lebens.

Der persönliche Notizzettel

Was können Sie von Heidi Hetzer und aus diesem Kapitel für sich persönlich mitnehmen?

Wozu haben das Beispiel Heidi Hetzers und die Ausführungen dazu Sie persönlich inspiriert, was können Sie von diesem Kapitel und den Übungen für sich mitnehmen und verwirklichen?

Was hat dieses Beispiel mir persönlich gesagt?

_____

_____

_____

_____

Was könnte ich mir konkret vornehmen?

_____

_____

_____

_____

Anders sein, anders denken, Neues schaffen

———•———

»Ich muss noch 50 Jahre leben, um all das zu
verwirklichen, was ich im Kopf habe«,
sagte Christian Gruhl – mit 80 Jahren

Christian Gruhl. Sein Bild ziert das Cover meines Buches *Leben wagen bis ins hohe Alter*. Nicht nur, weil Christian Gruhl mit seinem Haarzopf, der an den großen Karl Lagerfeld erinnert, so fotogen ist – es ist auch, weil Christian Gruhl selbst unter den aktiven, dynamischen und außergewöhnlichen Menschen, um die es in dem Buch geht, noch hervorsticht.

Christian Gruhl, das ist ein Zusammentreffen von Nonkonformität, positivem Denken und Kreativität. Der Ingenieur und ehemalige Firmenbesitzer flüchtete damals mit seiner Verlobten und späteren Ehefrau aus der DDR, wo er mehrfach wegen Widerstandes gegen die Staatsgewalt aufgefallen war. Clever und kreativ, wie Christian Gruhl ist, hatte er sich ein Kaninchen als "Fluchtzubehör" ausgedacht, um die Volkspolizisten zu täuschen, denn: Wer flüchtet schon mit einem Kaninchen?!

Kreativität und Freiheitsdrang sind die Markenzeichen von Christian Gruhl. In seinem Leben hat er schon diverse Erfindungen zum Patent angemeldet. Viele seiner technischen Erfindungen stammen noch aus früherer Zeit, da er als Ingenieur seine Firma im Anlagenbau in Stuttgart leitete. Doch die Kreativität von Christian Gruhl machte nicht mit dem Tag des Ruhestandes halt. Er kreiert weiter, ob es nun technische Neuerungen sind, Werbeartikel oder Puppentheaterfiguren. Er habe so viele Ideen, sagt er, dass diese ihn nachts oft nicht schlafen lassen.

Im Jahr 2008 gründete Christian Gruhl zusammen mit seiner Frau ein kleines Vollwertkost-Restaurant in Dresden, das *Chicoree* – mit eigenem Kapital, auf eigenes Risiko. "Deutschlands älteste Jungunternehmer", so ähnlich lauteten die Titel der zahlreichen Artikel, die damals durch die Medien gingen. Den kleinen Bankkredit aber, den sie gebraucht hätten, bekamen die Gruhls nicht. Es war ein lächerlich geringer Betrag von 10.000 Euro, doch welche Bank traut schon achtzigjährigen Kreditnehmern?

Daneben hatten die Gruhls die Idee, möblierte Gästewohnungen einzurichten und zu vermieten. Die Infrastruktur ließ es zu, musste hierfür jedoch aufwändig umgebaut werden. Christian Gruhl machte sich an die Arbeit. Einrichtung, Verkabelung, Fußbodenheizung im Bad und vieles mehr – nichts konnte den 80-Jährigen schrecken oder gar aufhalten. Nur zwei Jahre später stellen sie fest, dass die Idee mit den möblierten Gästewohnungen nicht den erhofften Erfolg zeigt. Sie beschließen, alles umzustellen auf normale Dauermieter. Dazu mussten alle Möbel und Einrichtungen entfernt werden und die Wohnungen neu hergerichtet werden. Und wieder macht sich Christian Gruhl, inzwischen 84-jährig, an die Arbeit.

Nichts kann ihn aufhalten, weder gescheiterte Pläne noch ein enormer Arbeitsaufwand oder gesundheitliche Einschränkungen.

———•———

Wozu kann Christian Gruhl uns inspirieren?

So wie Heidi Hetzer inspiriert auch Christian Gruhl zu einer ganzen Palette von Eigenschaften und Verhaltensweisen, in deren Zentrum bei ihm die Kreativität und der Schaffensdrang stehen.

———•———

Kreativität – das effektive und viel zu wenig beachtete Anti-Aging-Mittel

Um Ihre Skrupel gleich vorweg auszuräumen: Nein, Sie müssen kein zweiter Christian Gruhl werden, um kreativ sein zu können. Natürlich steht jemand wie er außerhalb aller Kategorien. Dennoch zeigt gerade das, was im Grunde *möglich* ist.

Wie ich bereits an mehreren Stellen in diesem Buch schrieb, bin ich der Meinung, dass wir in unserem Land bislang viel zu sehr - oder besser gesagt: zu einseitig - auf Anti-Aging mittels Sport, Ernährung und Kosmetik setzen. Es erinnert ein wenig an eine Hardwareausrichtung, denn all diese Komponenten sind "nachweisbar" in ihren Auswirkungen, während eine positive Lebenseinstellung, Risikobereitschaft, Neugier oder Kreativität weniger greifbar sind. Mir erscheint Kreativität aber als so bedeutend, dass ich, wie bereits eingangs erwähnt, vorhabe, diesem wenig beachteten und doch so wunderbaren Thema später ein ganzes Buch zu widmen.

Was ist Kreativität und was bedeutet sie für uns im Zusammenhang mit "Alter"? Ich möchte an dieser Stelle nicht zu weit ausholen mit der Definition dessen, was Kreativität ist. Kreativität, so viel weiß jeder, bedeutet, Neues zu schaffen und zu erfinden. Gemeinhin denken Menschen sofort an die schönen Künste, wenn von Kreativität die Rede ist. Es ist jedoch absolut wichtig zu verstehen, dass diese gängige Auffassung von "kreativ sein" viel zu eng ist. Kreativität hat enorm viel zu tun mit einer "anderen Denkweise" und mit dem Lösen von Problemen. Es hat insofern auch viel zu tun mit unserem Alltag.

Probleme lösen – genau das tun Erfinder. Christian Gruhl ist ein Erfinder, also ein kreativer Mensch per se. Doch wir müssen nicht unbedingt als "kreative Menschen" auf die Welt kommen. Kreativität kann man bis zu einem gewissen Grad auch entdecken, üben und leben, ohne ein Picasso, Mozart, da Vinci – oder ein zeitgenössischer Christian Gruhl zu sein.

Kreativ sein bedeutet für uns, flexibel zu sein im Nachdenken über das Lösen unserer Probleme, bedeutet, Neues erkunden zu wollen, Dinge auf andere Weise machen zu wollen und schließlich auch Neues in unserem Leben zu schaffen.

Kreativität ist sozusagen die "zur Tat gewordene" Neugier. Das bedeutet, sie setzt eine Offenheit des Geistes voraus und die Bereitschaft, Dinge auf andere Weise als bisher zu betrachten.

Leicht können Sie an dieser Stelle erkennen, dass Gewohnheit, Routine, Sicherheitsdenken und geistige Fixiertheit die Feinde der Kreativität sind.

Und es gibt noch einen Feind, der weniger sichtbar ist, dafür aber umso größere Macht über uns hat: die Angst vor Fehlschlägen. Kreativität ist das Schaffen von Neuem. Neues aber ist per Definition unbekannt. Das heißt, es birgt immer das Risiko eines möglichen Misslingens in sich. Das muss man angstfrei ertragen können. Der Mut aus Kapitel 5, da ist er wieder.

Die Gruhls hatten die Idee, möblierte Gästewohnungen zu vermieten. Sie haben sich verschätzt, es wurde ein Flop. Aber haben Sie etwa angefangen zu jammern und zu klagen über die verlorene Zeit und das verlorene Geld? Nein. Christian Gruhl machte sich schlicht und einfach wieder an die Arbeit. Eine neue Idee, ein neues Risiko – ein neues Vorhaben erblickte die Welt.

Warum Kreativität jung erhält, dürfte damit jedem ziemlich klar sein: Ein Geist, der ständig aktiv ist, um Neues zu finden und zu schaffen, kann nicht alt werden. Und da Kreativität nicht auf Kunst beschränkt ist, wie vielleicht viele geglaubt haben mögen, ist es jedermann möglich, dieses wunderbare, spannende Anti-Aging-Mittel für sich zu entdecken.

—— • ——

Was kreatives »Schaffen«
für uns und andere bedeutet

Etwas Neues schaffen bedeutet, sich selbst verwirklichen. Unvorstellbar, wenn Mozart sein Leben als Finanzbeamter hätte fristen müssen, anstatt Musik zu machen, oder wenn Picasso Friseur geworden wäre statt Maler. Unvorstellbar für diese Menschen selbst, aber auch für die Welt. Niemand wird je in Zweifel ziehen wollen, dass unsere Welt ohne die Werke eines Goethe, Mozart, Verdi, Michelangelo, Picasso, Franklin und anderer großer Meister um vieles ärmer wäre.

Etwas "schaffen" bedeutet immer auch, anderen etwas zu geben. Christian Gruhl bietet in seinem Vollwertkost-Restaurant den Besuchern nicht nur ein erlebnisreiches Angebot an gesundem Essen, er gibt ihnen, zusammen mit seiner Frau, auch viele Tipps und Ideen für die eigene gesunde Küche.

Viele seiner Erfindungen waren dazu gedacht, Menschen das Leben zu erleichtern. So entwickelte er bereits 1964 den Vorläufer des heutigen GPS: eine mechanische Einrichtung zum Kartenlesen in Fahrzeugen. Später dachte er sich ein Gerät aus, das anzeigt, ob aufgewärmte Tiefkühlkost schon einmal aufgetaut wurde. Autoscooter brachten ihn auf die Idee, Rollstühle für Altenheime zu entwerfen, die ohne Akku funktionieren, sich stattdessen über im Flur angelegten Schwachstrom speisen.

Gewiss werden die wenigsten von uns zu Erfindern bahnbrechender Produkte werden, bietet aber nicht auch unser persönliches Umfeld viele Chancen, Neues zu schaffen? Im Beruf, in der Lebensplanung, zu Hause, durch unsere Hobbys, Interessen, Engagements? Die Welt der Zukunft wird eine Welt der kreativen Ideen sein. Das können Sie in jeder Managementzeitschrift nachlesen. Aber auch in jeder Öko-Zeitschrift. Und in jedem Magazin für soziale Berufe. Es gibt so unglaublich viele Lebensbereiche, die darauf warten, dass wir neue Ideen einbringen.

Manche warten dringend darauf, da nur wenige Menschen sich um sie kümmern. Ich will Ihnen einen dieser Bereiche nennen, da er mir sehr am Herzen liegt: die Heim- und Pflegelandschaft.

Wir sind in unserem Land so "versorgungsorientiert", dass wir bei pflegebedürftigen alten Menschen in erster Linie daran denken, die Grundbedürfnisse abzusichern. Kreativität als Systemansatz scheint da nahezu ein Fremdwort. Damit meine ich nicht kreative Freizeitaktivitäten für die Heimbewohner, sondern das Heimsystem als solches. Dabei könnte bereits ein Blick über die Grenze – hinüber zu unseren niederländischen Nachbarn – uns animieren, denn diese sind experimentierfreudiger als wir. So erfanden die Holländer schon vor Jahren das sogenannte "Demenzdorf", wo Demenzkranke sich innerhalb der weitläufigen "Dorfgrenzen" frei bewegen und das Gefühl haben können, so zu leben, als wären sie gesund. Vor nicht allzu langer Zeit tauchte eine neue holländische Idee auf: Studenten können in Altenheimen kostenlose Zimmer haben, wenn sie dafür 30 Stunden im Monat den alten Menschen Gesellschaft leisten.

Was viele vermutlich nicht wissen: Die Wirtschaft investiert unheimlich viel Geld in Kreativität, was dort bedeutet: in neue oder verbesserte Produkte. Wenn wir auf dieser Erde nur einen Bruchteil dessen, was in Produkte der Konsumgesellschaft investiert wird, in Kreativität für soziale Belange investierten, hätten wir eine glücklichere und vor allem gerechtere Welt.

Im Hinblick auf Kreativität sollten Sie sich unbedingt von einem bestimmten Gedanken verabschieden, dem man bei uns intensiv frönt. Es ist eine Vorstellung, die in der Gesellschaft zur Überzeugung geworden zu sein scheint: dass nur junge Menschen kreativ sein können. Viele der ganz großen Meister waren jedoch bis ins hohe Alter hinein kreativ. Verdi vollendete seine letzte Oper kurz vor seinem 80. Geburtstag. Benjamin Franklin erfand die bifokalen Gläser im Alter von 78 Jahren und Picasso soll seine produktivste Phase mit 88 und 89 Jahren gehabt haben.

Und bedenken Sie, was ein Lebensalter von 80 oder 90 Jahren in *jener* Zeit bedeutete!

Die Vorstellung, dass ältere oder gar alte Menschen nicht kreativ sein können, ist weit verbreitet und führt dazu, dass man in fast allen "Kreativberufen" – Design, Werbung, IT – nur junge Menschen antrifft.

Wenn Sie ein kreativer Geist sind, dann orientieren Sie sich an Beispielen wie Barbara Beskind, die sich als 90-Jährige im Silicon-Valley bewarb und nun als Konzept-Designerin dort tätig ist. Eine Courage wie die ihre wird schwer nachzuahmen sein, aber vermutlich sind Sie noch keine 90 und können es somit doch versuchen.

Auch am Beispiel von Barbara Beskind wird ersichtlich, wie Kreativität anderen Menschen nützlich wird: Sie arbeitet zur Zeit an der Entwicklung eines "Airbags für ältere Menschen", der bei einem der größten Probleme für alte Menschen helfen soll: Er soll Stürze abfangen.

Übung 16:

Was verstehe ich für mich unter Kreativität?

Angesichts der Tatsache, dass ich beabsichtige, zum Thema »Kreativität« einen eigenen Band herauszubringen, der aus einer Vielzahl von Übungen bestehen wird, möchte ich hier die Ausführungen im Absatz »Übungen« kurz halten.

Wenn Sie sich bereits als kreativer Mensch fühlen, ermutige ich Sie dazu, diese Kreativität, in welcher Form auch immer, zu leben und vor allem auszubauen und zu erweitern.

Wenn Sie sich eher nicht zu den Kreativen zählen, es aber gern wären, dann fragen Sie sich, an *welche Art* von Kreativität Sie bisher gedacht hatten.
Wenn es Kunst ist, dann belegen Sie als Nächstes am besten einen Kurs – es wird Sie auf die erste Fährte bringen.
Wenn es Basteln und Werken ist, dann gehen Sie morgen in einen Hobbyladen, tauchen kopfüber ein in das Angebot und lassen sich inspirieren.

Wenn Sie immer meinten, eine gute Stimme zu haben, dann erkundigen Sie sich, welche Chöre oder Gesangsgruppen es in Ihrer Stadt gibt.

Sie können diese Liste und Suche beliebig fortsetzen und durch das ersetzen, was Sie persönlich anzieht.

In jedem Lebensbereich können Sie den Beginn wahrer Kreativität finden – auch im Kochen, Putzen oder Gärtnern. Machen Sie sich immer wieder bewusst, dass Kreativität mit Problemlösung zu tun hat und damit, neue Wege im eingefahrenen Denken zu finden.

Genau diese andere, sehr lebensnahe Seite von Kreativität beabsichtige ich, in einem späteren Band ausführlich zu behandeln.

Übung 17:

Fragen auf den Kopf stellen

Kreativität entsteht, indem man aus dem gewohnten Denken heraustritt. Eine der Techniken besteht darin, den Denkansatz umzukehren. Es kommen dabei recht interessante Erkenntnisse heraus. Probieren Sie es am Thema Alter aus.

Das normale Denken dazu, wie man sich ein gutes Alter schaffen kann, geht dahin, sich zu überlegen, was man alles an positiven Dingen tun muss: gesund leben, Sport treiben, positiv denken usw.

Kehren Sie die Fragestellung einmal um. Fragen Sie sich: Was muss ich alles tun, um ein möglichst schlechtes, bedauernswertes Alter zu haben? Versuchen Sie es. In den meisten Fällen tauchen dabei Elemente auf, an die man mit der positiven Fragestellung nicht gedacht hatte.

Der persönliche Notizzettel

Was können Sie von Christian Gruhl und aus diesem Kapitel für sich persönlich mitnehmen?

Wozu haben das Beispiel Christian Gruhl und die Ausführungen dazu Sie persönlich inspiriert, was können Sie von diesem Kapitel und den Übungen für sich mitnehmen und verwirklichen?

Was hat dieses Beispiel mir persönlich gesagt?

_____

_____

_____

_____

Was könnte ich mir konkret vornehmen?

_____

_____

_____

_____

Wie Engagement das Alter zu dynamisieren vermag
Engagement für andere macht das eigene Alter lebendig

———— • ————

»Statt Egozentrik: für den Nächsten da sein« –
Friedrich Thimm, 90 Jahre

Friedrich Thimm war sein Leben lang in der weiten Welt unterwegs und ist es bis heute noch. Nicht Urlaub, Abenteuer oder Vergnügen trieben ihn hinaus in die Ferne, sondern das Bestreben, dabei mitzuhelfen, eine gerechtere und bessere Welt zu schaffen.

Friedrich Thimm war bereits in den 60er-Jahren als junger Mensch ins Ausland gegangen, begleitet von seiner Ehefrau und den zwei Söhnen. Als Gewerbelehrer im Bereich Land-Holztechnik bildete er in Pakistan lokales Fachpersonal aus, danach leitete er in Togo eine Gewerbeschule mit unterschiedlichen Fachrichtungen. Später war er in einer Organisation tätig, die Fachleute aus Übersee fortbildete, was viele Dienstreisen mit sich brachte.

Mit 65 Jahren sollte er in Rente gehen, hatte aber keine Lust darauf. So registrierte er sich beim Senior-Experten-Service, eine Einrichtung, die ältere Experten zu Kurzzeitaufenthalten ins Ausland vermittelt. Eine Vielzahl von Reisen folgte: Venezuela, Ghana, Sibirien, Türkei, Indien, Sambia, Litauen – die Liste der Länder, in denen Friedrich Thimm in all den Jahren seines "Alters" gearbeitet hat, ist lang. Während ich an diesem Kapitel schreibe, ist Friedrich Thimm – als nun 90-Jähriger! – gerade in Kaliningrad unterwegs, wo er mit seinem Wissen und Können einem Kinderheim unter die Arme greift.

Friedrich Thimm ist kaum je krank, und das Reisen empfindet er trotz seines hohen Alters nicht als anstrengend. Gewiss, er ist sehr sportlich, was ihn körperlich fit gehalten hat, doch die Fitness eines offenen Geistes, die kommt von seinem Engagement und seinen Reisen. Er ist einer jener lebendigen, aktiven Menschen, die Wichtiges zu unserer Welt beitragen.

Verantwortung übernehmen und mit den eigenen Fähigkeiten zu einer besseren, menschlicheren Gesellschaft beizutragen, das war schon immer sehr wichtig für ihn. Nicht das "Ich" als Egozentriertheit sollte seiner Meinung nach im Mittelpunkt stehen, sondern der Nächste. Alt sei man dann, so sagt er, wenn man kein Interesse mehr für irgendetwas aufbringt, wenn man die Neugierde für das Leben verliert.

Wer sich für andere nicht mehr interessiert, dessen Leben zieht sich im Alter zusammen auf eine winzig kleine, ichbezogene Welt. Für den 90-jährigen Friedrich Thimm aber umspannt "Leben" immer noch den halben Erdball – ganz real, aber vielleicht auch zuallererst im Geiste.

———•———

Wozu kann Friedrich Thimm uns inspirieren?

Friedrich Thimm bringt uns dazu, darüber nachzudenken, was der "andere" in unserem Leben bedeutet – ganz gleich, ob es dabei um Menschen in unserem eigenen Land geht, die sozial schwach, einsam oder hilfsbedürftig sind, oder ob es sich um Arme und Marginalisierte in anderen Ländern handelt.

Den anderen im eigenen Lebenskreis zu berücksichtigen, führt im Alter zu drei sehr überlegenswerten Wirkungen: vermeidbare Alterseinsamkeit, Sinnhaftigkeit von Leben im Alter, gesellschaftliche Power im Alter.

———•———

Vermeidbare Alterseinsamkeit – eine Umkehr der Denkweise

Das zentrale Anliegen von Friedrich Thimm ist es, dass man als Mensch aus der Egozentriertheit heraustritt. Einsamkeit im Alter ist aber – auch wenn weder gewollt noch bewusst gesucht – genau diese Egozentriertheit: Die Welt wird immer kleiner und dreht sich am Ende nur noch um einen selbst. Nicht selten liegt es daran, dass sich das Leben "vor dem Alter" auf die eigene Familie zentrierte, dass man wenig Freunde hat – oder auch dass man nur Freunde gleichen Alters hat und dass diese langsam "wegsterben".

In letzter Zeit gibt es zunehmend soziale Initiativen, die alte Menschen als Helfer entdeckt haben – ob dies in der Nachbarschaftshilfe ist, in der Kleiderkammer vom Roten Kreuz oder bei Aktivitäten der Pfarrgemeinde.

Soziales Engagement im Alter ist aber noch nicht in die allgemeine Denkweise eingedrungen – insbesondere nicht in Bezug auf hohes Alter. Zu sehr wird dies konterkariert durch die dominierende "Problemsicht" von Alter, die von Krankheit, eigener Hilfsbedürftigkeit oder gar Demenz geprägt wird.

Viele Menschen, vielleicht sogar die meisten, haben Angst davor, im Alter einsam zu werden. Wie hilfreich und ermutigend wäre doch die Ausrichtung des Denkens darauf, dass man im Prinzip nicht einsam zu sein bräuchte, wenn man den "anderen" im Blick hätte: diesen anderen, den es – in welcher Form auch immer – überall gibt.

So lange aber, wie wir unser Denken überwiegend darauf richten, was wir im Alter von anderen "bekommen" können – Aufmerksamkeit, Gesellschaft, Nähe, Zuwendung, ... –, riskieren wir schnell, tatsächlich einsam zu werden.

Vielleicht werden Sie jetzt denken: Junge Alte, o.k., die können so etwas tun, vielleicht auch ältere Ausnahmemenschen, so wie Friedrich Thimm, für die meisten Menschen aber ist das doch im Alter gar nicht machbar. Ist es das wirklich nicht, oder fehlt uns schlicht die Phantasie dazu, weil wir es nie bis zu Ende gedacht haben?

In Wirklichkeit kann selbst eine 70-Jährige im Rollstuhl oder ein 80-jähriger Bewohner eines Altersheimes anderen helfen, denen es schlechter geht oder die Hilfe benötigen. Kaum vorstellbar? Nun, "Hilfe" ist nicht immer eine physische Aktivität, so wie das Mitwirken in einer Kleiderkammer. Hilfe kann auch im Sitzen, am Computer oder am Telefon geschehen.

Auch als 70-, 80- oder 90-Jährige kann man – je nach Veranlagung und Lebenserfahrung – zum Beispiel als Freiwilliger bei der Telefonseelsorge mitmachen, einen Blog im Internet betreiben oder junge Existenzgründer coachen. Wenn man sehr belesen ist, könnte man Manuskripte von Jungautoren gegenlesen oder erblindenden alten Menschen vorlesen. All das kann man zu Hause im Sitzen tun.

Es gibt Menschen, die gehen in ihrem Altruismus viel weiter. Ich möchte Ihnen das Beispiel von Renate Ratzel anbieten – eine Frau, die allen Grund gehabt hätte, sich das Alter als einsam vorzustellen. Renate Ratzel ist blind. Ihr eigenes Handicap hat sie jedoch nicht daran gehindert, anderen helfen zu wollen. Renate Ratzel wollte eigentlich Ärztin werden, um den Menschen in Lateinamerika zu helfen, doch sie war mit eingeschränkter Sehkraft geboren worden. Mit 43 Jahren erblindet sie ganz. Dennoch fliegt sie einige Jahre darauf zum ersten Mal nach Chile, um einer Missionarin zu helfen, die sich für die Opfer des Pinochet-Regimes engagierte. Ab da fliegt sie jedes Jahr nach Südamerika, hilft in Suppenküchen mit oder gibt Kurse für Mütter.

Gelegentlich werden Gedanken, wie die in diesem Kapitel aufgeführten, falsch interpretiert. Dann fragt man, warum man heutzutage alte Menschen in Aktivität drängen wolle und dass man sie doch in Ruhe alt sein lassen solle.

Ich persönlich habe absolut keine Einwände, wenn die Menschen mit dieser "Ruhe" glücklich und zufrieden sind. Mir aber scheint, dass es viele Menschen gibt, die mit dieser Art von Ruhe nicht glücklich sind, die sich im Alter nutzlos vorkommen, weil sie keine Funktion mehr haben, keinen Sinn mehr in ihrem Leben sehen. Dass Menschen, die selbstständig sind, im hohen Alter oft sehr fit sind, kommt nicht von ungefähr.

Da man nicht wissen oder voraussehen kann, wie man selbst später das Alter erleben wird, erscheint es sinnvoll, solche Alternativen zumindest anzudenken, die einem - gedanklich gesehen - Türen offen halten oder öffnen. Zwar kann man sich auch erst im Alter solchen Gedanken zuwenden, oft aber fällt dies nicht so leicht, wenn man sich nie zuvor damit beschäftigt hat.

Friedrich Thimm hatte einen interessanten Gedanken zur sogenannten Vergesslichkeit im Alter, die meines Erachtens heute viel zu schnell in "Demenz" umgedeutet wird. "Alte Menschen erinnern sich sehr wohl an ihre Jugend, obwohl sie sich oft kaum an gestern erinnern", sagte er. "Vielleicht hängt es damit zusammen, dass sie damals Wichtiges leisteten, es in ihrem Alter aber kaum noch Wichtiges für sie gibt."

<hr />

Kämpfen erhält jung! –
Im Alter empathisch, progressiv und rebellisch

Gesellschaftliche Power im Alter, das klingt wie ein Widerspruch in sich. Doch für einige Menschen ist es nichts anderes als die verstärkte und weiter gefasste Fortsetzung des Engagements für andere.

"Kämpfen erhält jung", sagte Soeur Emmanuelle, eine bemerkenswerte katholische Ordensschwester, die in ihrem Heimatland Frankreich ungemein beliebt war. Sie wurde dadurch bekannt, dass sie viele Jahre bei den Müllsammlern in den Slums von Kairo lebte. Dorthin ging sie übrigens mit 63 Jahren.

Für Soeur Emmanuelle lag das Geheimnis im Mitmenschen, im anderen. Sie war absolut davon überzeugt, dass die Hölle darin liegt, sich in sich zu verschließen, und dass das Paradies an dem Tag beginnt, an dem man den anderen sieht, sich ihm zuwendet, ihm zuhört.
Dieses Verständnis gegenüber den Mitmenschen forderte sie auch von der Kirche. Sie plädierte dafür, dass die katholische Kirche Geburtenkontrolle zulässt, Homosexualität akzeptiert und den Zölibat lockert.

Diskussionen und Streitgespräche machten ihr keine Angst. "Ich mag es, wenn man mir widerspricht", sagte sie. "Das ist interessant, ist wie Champagner. Kämpfen erhält jung. Und man kann was vom anderen lernen. Aber ich mag gern andere überzeugen, ich bin hartnäckig." So trat sie furchtlos auch in Talk-Shows auf.

Die Schriftstellerin und Bürgerrechtlerin Hedy Epstein engagiert sich politisch wie sozial in der Antirassismus- und Friedensbewegung. Im August 2014 beteiligte sie sich – als 90-Jährige – an den Protesten im Zusammenhang mit dem Tod von Michael Brown und wurde von der Polizei verhaftet (der

18-jährige afroamerikanische Schüler Michael Brown war in der US-Kleinstadt Ferguson unter nicht geklärten Umständen von einem Polizisten erschossen worden).

Ähnlich kämpferisch auch die ägyptische Schriftstellerin, Frauenrechtlerin und Menschenrechtsaktivistin Nawal El Saadawi, die in 2011, 80-jährig, in Kairo auf die Straße ging, um mit der Masse zu protestieren.

Der Mathematiker und Philosoph Bertrand Russell war Aktivist für den Weltfrieden und organisierte damals – im Alter von 89 Jahren – ein Massen-Sit-in für den Frieden. Der Franzose André Monod, so wie Russell gegen Krieg engagiert, trat anlässlich der Tragödie von Hiroshima – im Alter von 97 Jahren – in einen dreitägigen Hungerstreik, um für die Abschaffung der Atomwaffen zu demonstrieren.

Vielleicht denken Sie jetzt, dass diese Beispiele kompromisslosen gesellschaftlichen Engagements doch sehr weit von Ihrem eigenen Leben entfernt sind. Doch was ich Ihnen damit zeigen möchte, ist, dass Engagement – in welcher Form auch immer – selbst in hohem Alter gelebt werden kann.

Man muss nicht schweigsam werden und sich zurückziehen, nur weil man alt ist. Das mag das sein, was wir kennen, glauben oder fürchten – ein Naturgesetz ist es jedenfalls nicht.

―――● ―――

Übung 18:

Wo sehe ich in meinem Leben den »anderen«?

Um es gleich vorweg klarzustellen: Es geht hier nicht um einen »Sozial-Check« in Ihrem Leben. Auch wenn Sie bislang kaum oder gar nichts an sozialen Aktivitäten gemacht haben, hat das für diese Übung keinerlei Bedeutung. Es geht hier um Ihr späteres Alter, um Ideenfindung für die Zukunft.

Meine Affinität, meine Neigungen

Zu welchen Bereichen des gesellschaftlichen Lebens und zu welchen hilfsbedürftigen Personengruppen haben Sie die größte Affinität?

Erstellen Sie eine Liste oder übernehmen Sie die Liste, die ich vorschlage, und gehen Sie die einzelnen Bereiche durch. Markieren Sie die Punkte mit 1-2-3: 1 für ja/großes Interesse; 2 für vielleicht/weiß nicht; 3 für nein/kein Interesse.

Erweiterbares Beispiel:
Bereiche: politisches Engagement, Umweltschutz, Tierschutz, Kultur, Kunst, Entwicklungshilfe, Gesundheit, Altenpflege
Personengruppen: Aktivisten, Künstler, Obdachlose, Alte, Menschen mit Handicap, Ausländer, lernschwache Kinder, psychisch Labile, ledige Mütter, Drogenabhängige, Flüchtlinge, Gefangene

Besehen Sie sich Ihr Resultat und denken Sie ein wenig darüber nach. Was ist es, dass Sie genau diese Bereiche oder Personengruppen ankreuzen ließ? Kann es sein, dass Sie doch schon hier und da aktiv waren, vielleicht in Ihrer Jugend oder in der Studentenzeit?

Zukunftsszenario:
Was könnte ich mir an Engagement vorstellen?

Zukunftsszenarien sind geistig ausgemalte, intensiv »vorausgesehene« Zukunftsbilder. Ein solches Zukunftsszenario dient hier dazu, Ihnen heute zu zeigen, was morgen für Sie möglich wäre. Malen Sie es sich ruhig lebhaft und bunt in verschiedenen Varianten aus.

Wenn Sie zum Beispiel das politische Engagement gewählt haben, dann überlegen Sie sich, was Sie als alter Mensch in dem Bereich tun könnten. Wenn Sie sich als später fitten älteren Menschen sehen, könnten Sie bei Veranstaltungen mithelfen, Plakate aufhängen, Kaffee ausschenken … Wenn Sie meinen, später weniger fit zu sein, könnten Sie zu Hause Texte für Flyer schreiben oder übers Internet für die Veranstaltungen werben.

Sie können zusätzlich Fremdsprachen und haben eine Affinität zu *Amnesty International*? Dann wäre später das Schreiben von Bittbriefen für politische Gefangene eine wunderbare Beschäftigung.

In dieser Art gibt es unzählige Möglichkeiten, dessen kann ich Sie versichern. Finden Sie aber wenigstens ein Gebiet oder eine Personengruppe. Vielleicht machen Ihnen die Zukunftsszenarien auch großen Spaß, und Sie können plötzlich verschiedene Interessen entdecken und eine Vielzahl von Möglichkeiten.

Wenn Sie ganz mutig sind, dann arbeiten Sie mit einem »Best- und Schlimmstszenario«. Stellen Sie sich dazu vor, was Sie tun könnten, wenn Sie absolut fit wären – und was noch möglich ist, wenn Sie ausgesprochen gehandicapt wären.

Ich habe im ganzen Buch davon abgeraten, sich negative Zukunftsbilder vorzustellen. Hier aber hat es einen positiven Sinn: Sie werden plötzlich entdecken, dass Sie sogar mit großem Handicap noch etwas für andere tun können, wenn Sie dies wollen.

Der persönliche Notizzettel

Was können Sie von Friedrich Thimm und aus diesem Kapitel für sich persönlich mitnehmen?

Wozu haben das Beispiel von Friedrich Thimm und die Ausführungen dazu Sie persönlich inspiriert, was können Sie von diesem Kapitel und den Übungen für sich mitnehmen und verwirklichen?

Was hat dieses Beispiel mir persönlich gesagt?

_____

_____

_____

_____

Was könnte ich mir konkret vornehmen?

_____

_____

_____

_____

Die verborgene Kraft dahinter

Neuanfang aus der Talsohle des Lebens

———— • ————

»Meiner Meinung nach sollte man im Leben
danach streben, sich zu vollenden« –
Anne R., 79 Jahre

Bei meinen Recherchen zum Buch *Leben wagen bis ins
hohe Alter* stieß ich auf ein Beispiel, das mich besonders
beeindruckt hat: die 79-jährige Rentnerin Anne R., die im
Buch *Die besten Jahre* porträtiert wird. Die Art und Weise,
wie sie sich mit einer tief verankerten positiven Sicht auf das
Leben durch alle Widrigkeiten und Schicksalsschläge hindurch
gerettet hat, kann allen ein Vorbild sein.

Ihre erste Ehe war nicht sehr glücklich, trotzdem pflegte sie
ihren Mann, als dieser an Bauchspeicheldrüsenkrebs erkrankte.
Er starb mit 49 Jahren. Mit ihrem zweiten Mann hatte sie dann
eine wunderschöne, erfüllte Zeit, voll schöner Erlebnisse, Zärt-
lichkeit und Liebe. Doch diese schöne Zeit war ihr nur zehn
Jahre lang vergönnt. Ihr zweiter Mann starb an Lungenkrebs.
Danach schien alles zu Ende zu sein. Sie hatte das Liebste
kaum gewonnen, da war es schon wieder verloren. Sie stand

allein da, hatte keinen Beruf und wollte schlichtweg nicht mehr leben.

Mit 58 Jahren befand sie sich in der Talsohle ihres Daseins.

Sie zog um in eine Eigentumswohnung, die als Alterssitz geplant gewesen war, und war eben dabei, sich wieder ins Leben zurückzufinden, als die Kinder ihres Mannes ihr Erbe forderten. Anne R. aber hatte kein Geld, und die Wohnung wollte sie nicht verkaufen. Also nahm sie einen Job als Kinderbetreuerin an, um die Erben auszuzahlen.

Sie fühlte sich immer noch grenzenlos allein, den Schmerz über den Verlust ihres Mannes hatte sie nicht überwunden. Dennoch tat sie alles, um wieder Anschluss an das Leben zu bekommen: Sie absolvierte ein Fernstudium für moderne Kunst, machte eine Ausbildung als Laienschauspielerin und gründete eine Literaturgruppe.

Das Einzige, was ihr immer noch fehlte, war Sexualität. Mit 63 lernte sie wieder einen Mann kennen, der neun Jahre jünger war, und hatte eine sehr schöne Beziehung, die sie dann aber beendete, weil ihr die geistige Harmonie zu gering war.

Als sie wieder allein war, wollte sie eine große Reise machen und dafür einen Kredit aufnehmen. Trotz der Sicherheiten, die sie mit ihrer Wohnung bieten konnte, bekam sie diesen nicht – sie sei zu alt, war die Antwort der Bank, die Erben könnten klagen. Sie sollte sogar einen Zurechnungsfähigkeitstest machen.

Trotz dieser ungeheuerlichen Vorfälle gab sie ihren positiven Esprit nicht auf. Ihre Sicht ist die, dass man im Leben danach streben sollte, sich zu vollenden. Man müsse etwas für sich tun, um körperlich fit und geistig neugierig zu bleiben, und man dürfe sich nicht vor neuen Aufgaben scheuen.

"Wenn man sich öffnet, bereit ist, auf andere zuzugehen und etwas Neues auszuprobieren, kann man dies auch im Alter." Das sagt sie, der das Leben doch gehörig zugesetzt hat.

Anne R. ist der Meinung, dass sie für jüngere Leute ein Vorbild sei und ihnen die Angst vor dem Alter nehmen könne.

In Wirklichkeit ist sie nicht nur für junge Leute ein Vorbild, sondern für alle Menschen, die meinen, aus der Talsohle des Lebens gäbe es keinen Ausweg mehr – im Alter schon gleich gar nicht.

———•———

Wozu kann Anne R. uns inspirieren?

Das Beispiel von Anne R. animiert dazu, sich Gedanken zu machen über eine positive Einstellung zum Leben, über eine innere Kraft, die uns tragen kann – auch und gerade im Alter.

Wenn über Menschen hohen Alters berichtet wird, dann wird viel über deren materielle Lebensumstände geschrieben, darüber wie sie sich ernähren und ob sie Sport treiben. Gute Journalisten erwähnen auch deren Lebenswillen, ihre

Fröhlichkeit oder ihren Mut. Doch über die innere Kraft, die bei vielen dieser Menschen dahintersteckt, über die erfährt man kaum etwas.

———— • ————

Positives Denken und Vertrauen ins Leben

Positives Denken, so wie Anne R. es praktizierte, baut auf eine innere Kraft: Es ist das Vertrauen darauf, dass es weitergeht, dass das Leben einen, wie auch immer, tragen wird.

Jeder Mensch hat Zugang zu dieser inneren Kraft, auch wenn wir uns angewöhnt haben, sie – je nach Überzeugung – mit exklusiven Etiketten zu versehen. Ob religiöser Glaube, Spiritualität, positives Denken oder schlicht tiefes Vertrauen ins Leben – nicht das Etikett ist das Wesentliche, sondern die Kraft, die man daraus schöpft. Diese Kraft bräuchte im Prinzip keinen Namen, denn das Wesentliche ist, dass man sie *spürt*, nicht, dass man sie benennen kann.

Es gibt dazu ein wunderbares Beispiel. Zwei Zwillinge waren in ihrer Lebenseinstellung recht verschieden: Die eine hatte fast schon so etwas wie ein Abonnement beim Arzt, die andere schien nicht mal zu wissen, wozu ein Arzt gut sein soll. Erstere war sehr religiös und glaubte, dass Gott ihr aus allen Widrigkeiten helfen würde, auch aus Krankheit. Letztere nahm das Wort Gott nicht einmal in den Mund, pflegte aber auf jede Frage nach ihrem Wohlergehen zu antworten, sie sei gesund wie ein Fisch im Wasser.

Beide wurden 100 Jahre alt, erstere mit einer kleinen Kranken-
geschichte im Gepäck, aber einer ganz passablen Gesundheit,
Letztere fit wie der Fisch, den sie stets genannt hatte.

Jede von ihnen hatte einen anderen Zugang zur inneren Kraft
gewählt, die eine über den Glauben, die andere über die positive
Lebenseinstellung. Das Ergebnis fiel recht vergleichbar aus.

Auch bei Anne R. und Christian Gruhl findet man eine
solche Parallele. Anne R. erwähnte weder Glauben noch Spiritualität, hatte aber eine positive Einstellung zum Leben.
Christian Gruhl hat ebenfalls eine positive Einstellung zum
Leben, schöpft diese aber aus spirituellen Quellen. Das Geis-
tesgut der Vorreiter des positiven Denkens, Dr. Joseph Murphy
und K. O. Schmidt, ist Teil seines Lebens geworden. Er hat
fast alle ihre doch recht zahlreichen Bücher gelesen.

Anne R. wurde vom Vertrauen ins Leben getragen. Bei Christian Gruhl ist die spirituell ausgerichtete Lebenseinstellung
die Kraft, die ihn sein Leben mit Dynamik gestalten lässt, jenseits von Krankheit und finanziellen Fehlschlägen.

***

Intuition – die innere Stimme

Auch Intuition ist eine innere Kraft, die uns gern in unserem
Leben leiten möchte. Sie werden sich erinnern, dass ich Sie
in vielen der Übungen in diesem Buch dazu aufgefordert
habe, in sich "hineinzuspüren", um genau auf diese kleine
innere Stimme zu hören, die zu Ihnen gehört und nur Ihr
Bestes will.

Menschen, die ihr Alter glücklich und selbstbestimmt leben und gestalten, folgen dem, was ihnen ihr Innerstes vorgibt – oft genug gegen äußere Widerstände. Nur allzu oft ignorieren wir jedoch diese innere Stimme. Wir sind es gewohnt, Autorität im Außen zu sehen, nicht in uns selbst.

Intuition ist eine vom Verstand unabhängige Eingebung. Man könnte sich also fragen, woher sie kommt. Spirituelle Menschen erklären es als eine Art "Soufflieren" von geistigen Helfern, weniger spirituelle Menschen meinen, es sei schlicht eine Fähigkeit einiger Menschen. Oft wird sie vor allem Frauen zugeschrieben, wofür es aber keine stichhaltige Begründung gibt.

Fest steht, dass Menschen, die dieser inneren Stimme, die ihrer Intuition folgen, gute Entscheidungen treffen und sich vor Schaden bewahren. Es lohnt sich also, ihr stärkeres Gehör zu schenken.

Spiritualität –
die »fünfte Säule der Langlebigkeit«

Die Langlebigkeit der Japaner, insbesondere jener von der Insel Okinawa, ist weltweit ein Begriff. Die Alten von Okinawa sind geistig und körperlich fit, fröhlich, selbstbestimmt und immer beschäftigt.

In den meisten Untersuchungen zu Langlebigkeit wird der Fokus in erster Linie auf die Gene gerichtet, danach auf Ernährung, Bewegung und Umweltfaktoren. Ulla Rahn-Huber geht in ihrem Buch *So werden Sie 100 Jahre* darüber hinaus. "Das Wunder von Okinawa", so schreibt sie, "beruht auf fünf Säulen, die jede für sich einen lebensverlängernden Effekt in Anspruch nehmen kann." Diese fünf Säulen sind: Ernährung, Lebensaufgabe, Bewegung, Gemeinschaft und Spiritualität. Doch erst durch ihr Zusammenwirken, so fügt sie an, würden diese fünf Säulen zum Jungbrunnen, der Menschen hundert Jahre und länger fröhlich, gesund und munter leben lässt.

Den letzten Satz sollte man verinnerlichen: Das *Zusammenwirken* ist es, das die fünf Säulen zum Jungbrunnen werden lässt. Ernährung und Bewegung haben Altersforscher meist im Blick, Gemeinschaft und Lebensaufgabe gelegentlich auch noch. Spiritualität aber so gut wie nie.
Langlebigkeit wird üblicherweise von Wissenschaftlern untersucht. Sie stoßen sich in dieser Hinsicht an ihren eigenen Gesetzen, in erster Linie am Gesetz der Nachweisbarkeit. Denn wie soll man etwas so "Vages" und Subjektives wie Spiritualität als Faktor für gutes Alter beweisen können?

Wie korrekt ist dann aber das Ergebnis, wenn wesentliche Parameter nicht berücksichtigt wurden? Man kann nicht einen Teil aus dem ganzheitlichen Dasein von Menschen ausklammern und meinen, man sei der Realität gerecht geworden. Leider macht das gerade die moderne Naturwissenschaft immer wieder. Interessanterweise kann man aber gerade in Gesellschaften und Kulturen, die wissenschaftlichen Dogmen weniger Beachtung schenken, größeren Respekt gegenüber alten Menschen antreffen. Man weiß es seit langem von Indianerstämmen. Auch auf dem afrikanischen Kontinent, den ich sehr gut kenne, sieht man es so. Alte Menschen gelten dort als Mittler zum Jenseits, die dem Transzendenten am nächsten stehen. Daraus resultiert der große Respekt, den man alten Menschen in Afrika entgegenbringt. Im Ewe, der Sprache aus dem Süden Togos, gibt es zum Beispiel kein Wort, das unserem negativ gefärbten Wort "altern" entspräche – es macht dort schlichtweg keinen Sinn. Wenn man diesen Prozess ausdrücken will, kleidet man es in Worte wie "wachsen" oder "groß werden".

Ganz gleich wie man Spiritualität versteht, ob eng religiös oder weit gefasst als geistig-philosophische Ausrichtung, es ist eine Kraft, die uns mit zunehmendem Alter von innen her immer stärker zu tragen vermag, auch wenn die "äußeren" Kräfte am Schwinden sind.

Die Kraft im Glauben

Nicht wenige Menschen haben heutzutage eine sehr distanzierte Einstellung zum Glauben, weil sie diesen mit der kirchlichen Institution gleichsetzen, aber auch, weil ihnen religiöser Glaube zu eng begrenzt erscheint. Auch der religiöse Fanatismus, den wir in unserer Zeit erleben – die Inquisition aus unserer eigenen Geschichte steht dem übrigens in nichts nach – trägt dazu bei, dass Menschen sich vom Glauben distanzieren.

Feststeht aber, dass eine Reihe der aktiven, dynamischen und glücklichen Hochaltrigen aus religiösem Glauben heraus leben.

So zum Beispiel entspringt die unglaubliche Kraft der blinden Renate Ratzel, die nach Südamerika geht, um dort anderen zu helfen, ihrem Glauben. Auch in Berichten über Hulda Crooks findet man einen Satz eingestreut, der – versteckt zwischen all ihren Errungenschaften – von dem spricht, was sie getragen hat: "She lived her life with deep faith in her Creator." Das Bergsteigen habe sie dem Geist nähergebracht, und sie habe die Schönheit der Schöpfung wahrgenommen. So habe sie auch ihre Verantwortung darin gesehen, gut für den Körper zu sorgen, den der Schöpfer ihr geschenkt habe.

Wenn Sie sich je gefragt haben, wie Schwarze damals das unmenschliche Sklaventum ertragen und überleben konnten, dann finden sie die Antwort ebenfalls im Glauben. Gospelgesänge zeugen heute noch davon, dass nur ihr Glaube viele Sklaven dieses unsägliche Los ertragen ließ. Ganz so, wie er auch für George Dawson essenziell gewesen sein mag.

Der Afroamerikaner George Dawson, der aus den Südstaaten stammte, wurde dadurch bekannt, dass er als 98-Jähriger das Lesen und Schreiben erlernte. Das Leben in den Südstaaten zu Zeiten des Ku-Klux-Klans war für einen Schwarzen die psychische und oft genug auch die physische Hölle.
Als Kind musste Dawson auf dem Feld helfen, konnte nicht in die Schule gehen. Zehnjährig musste er mit ansehen, wie sein 17-jähriger Freund von Weißen gehängt wird: Er war von einem weißen Mädchen, die ihren Freund schützen wollte, zu Unrecht bezichtigt worden, sie vergewaltigt zu haben. Als Zwölfjähriger wurde Dawson für 1 ½ Dollar an einen weißen Farmer vermietet, kannte dann in seinem jungen Leben nur Baumwolle pflücken und Zuckerrohr pressen. Später schuftete

er im Straßen- und Gleisbau. Nachdem seine erste Ehefrau gestorben war, heiratete er erneut. Doch auch die zweite Ehefrau verstarb bald. Das Gleiche widerfuhr ihm ein drittes Mal. Schließlich starb auch seine vierte und letzte Frau vor ihm. Ein dramatisches Leben, dem George Dawson jedoch nie gegrollt hat.

Unterstützt von einem Lehrer brachte Dawson mit 102 Jahren noch ein Buch heraus, das den Titel trägt *Life is so good*. – Das Leben ist so gut, das hört sich nahezu paradox an, wenn man weiß, dass es von jemandem geschrieben wurde, der nie auf Rosen gebettet war, der Leid ertragen musste und von der Gesellschaft Zeit seines Lebens diskriminiert wurde.

Dawsons Kraft, die ihn durch sein leidvolles Leben hindurch bis ins hohe Alter hinein getragen hat, kam aus seinem Glauben.
"Gott lächelt da oben", hatte er einmal gesagt, als er schließlich lesen und schreiben konnte, "denn nun kann ich endlich die Bibel selber lesen."

Vollendung: Im Alter den Geist polieren

Gewiss haben sie über die Überschrift zu diesem Abschnitt gerätselt: Was soll das heißen – "den Geist polieren"? Ich habe diesen Ausdruck aus einem Interview entnommen, das im Jahr 2003 mit dem damals 72 Jahre alten Japaner Motomichi Anno geführt wurde. Motomichi Anno ist Meister des Aikido, eine sehr defensiv ausgerichtete Kampfsportart, die er, mit heute 83 Jahren, immer noch lehrt. Wie alle großen Meister östlicher Kampfsportarten spricht er beständig vom wahren Wesen dieser Kampfkunst, die eigentlich nicht in erster Linie Kampf sein soll. Japanische Kampfsportarten sind, richtig verstanden, eng mit Spiritualität verknüpft.

Als 8. Dan könnte er sich, so wie westliche Champions sich verstehen, als Meister und somit als vollendet betrachten. Doch Motomichi Anno sieht das, vor dem Hintergrund des östlichen Geistes, anders. Er sagt: "Man muss den Geist polieren, das Herz. Das ist der schwierigste Aspekt, den eigenen Geist zu polieren und zu verschönern. Wenn ich jetzt kein Aikido mehr üben würde, dann könnte ich daran nicht arbeiten, dann könnte ich mich nicht mehr verfeinern."

Seinen Geist polieren, sich verfeinern, sich verändern, an sich arbeiten - ein Verständnis, das erheblich abweicht von dem, was wir im Westen oft unter "Entwicklung" verstehen.

Am Ende dieses Buches wären wir somit wieder am Anfang angelangt: beim Gedanken, dass unsere Sicht vom Alter eine sehr materielle und "physische" ist. Nur das kann erklären, dass wir Alter als Abwärtskurve sehen und nicht als aufwärtsstrebende Entwicklung.

Denn warum sollte der Geist - als spirituelle Größe - in irgendeinem Alter aufhören wollen, sich weiterzuentwickeln und zu wachsen? Ganz gleich, ob wir physisch gesehen fit sind oder nicht - den Geist tangiert es im Grunde nicht.

Selbst wenn wir im Alter im Rollstuhl sitzen oder uns kaum bewegen können, hat dies nichts mit dem geistigen Wesen in uns zu tun.

Dass wir dies nicht oder kaum verstehen, ist einer der Gründe dafür, warum wir das Alter generell als Abwärtskurve ansehen: Wir richten uns nach dem Physischen.

Eine Einstellung, die auf Spiritualität beruht, sieht das anders, sieht das Leben als stetige Weiterentwicklung, sieht den Sinn des Daseins in dem Streben nach Vollendung. Diesen Gedanken aber findet man bei uns in Büchern über das Alter ausgesprochen selten.

Spiritualität hilft, die Sicht vom Alter zu verändern

In elf Kapiteln haben wir die verschiedenen Eigenschaften, Denkweisen und Haltungen kennengelernt, die dazu beitragen, ein hohes Alter zu erreichen, in jedem Fall aber ein gutes, glückliches Alter.

Gesundheit, Mut, der Wille zur Veränderung, der Glaube an sich selbst, Offenheit, Berufung, Kreativität, Engagement – man kann sich an jeden Bereich heranmachen und sein Bestes geben, um die entsprechenden Einstellungen zu verinnerlichen. Manchen Charakteren wird es leichter fallen, anderen schwerer.

Eines aber erleichtert gewiss den Zugang zu *allen* diesen Herausforderungen: eine positive Lebenseinstellung. Wird diese positive Lebenseinstellung spirituell getragen, gelingt die Verwirklichung um einiges besser – und vor allem: um vieles schneller. Denn Spiritualität wirkt wie ein Katalysator bei dem, was wir im Leben erreichen wollen.

Einige Beispiele sollen diese Aussage verdeutlichen.

Krankheit – ein zentraler Punkt in der Einstellung zum Alter. Spirituellen Menschen fällt es leichter, positive Kräfte in sich zu mobilisieren, die ihren Körper darin unterstützen, gesund zu werden und gesund zu bleiben.

Widrigkeiten – wer ist im Leben schon davon verschont? Spirituelle Menschen glauben daran, dass alles im Leben seinen Sinn hat. Es fällt ihnen somit leicht umzudenken, wenn sie Hindernissen begegnen.

Beruf und Berufung – Spiritualität verschafft Zugang zur Intuition. Diese lässt einen deutlicher spüren, welche Kräfte in einem zu welchen Aufgaben im Leben "rufen".

Engagement – von religiösen Menschen ist man Nächstenliebe gewohnt. Spiritualität erzieht genauso zu Achtsamkeit und Mitgefühl anderen gegenüber.

Diese Beispiele sollten einen kleinen Einblick darin geben, wie und wodurch eine spirituelle Offenheit es uns erleichtern kann, uns ein erfülltes, glückliches Alter zu schaffen.

Nicht selten finden Menschen zur Spiritualität, wenn sie in ihrem Leben irgendwo am Ende oder ganz unten angelangt sind. Wenn der eigene Verstand einen nicht mehr weiterbringt und auch die Wissenschaft keine Lösung mehr hat, dann öffnet man sich dem, was "jenseits" von allem liegt. Es wäre allerdings weniger schmerzhaft, wenn man nicht erst dort unten landen müsste, um diese innere Kraft zu entdecken. Und manchmal, insbesondere im Fall von Krankheit, ist es dann auch zu spät.

Ich möchte dieses Kapitel mit einem sehr beeindruckenden Beispiel zum Thema Spiritualität beenden, von dem ich gerade vor kurzem erfuhr. Vier Geschwister lebten in dem Bewusstsein, dass es in ihrer Familie eine gesundheitliche Vorbelastung gab: Die Mutter war an einem bestimmten Typus von Krebs gestorben. Unsere Ärzte sprechen in einem solchen Fall von der Möglichkeit oder gar Wahrscheinlichkeit einer Vererbung – medizinisch betrachtet ein korrektes Verhalten, spirituell gesehen aber unverantwortlich, denn dieser Gedanke setzt sich bei Menschen fest. Das tat er auch hier. Als einer der vier Geschwister auf die 70 zuging, erkrankte er an genau demselben Typus von Krebs und starb. Einige Jahre darauf stellte sich dieselbe Erkrankung bei dem zweiten Geschwisterteil heraus, die schließlich auch daran starb. Die dritte der vier Geschwister ließ sich daraufhin gezielt untersuchen. Auch bei ihr wurde, genetisch bedingt, die Gefahr einer Erkrankung attestiert. Sie ließ sich vorsorglich operieren. Nur bei der vierten der Geschwister ließ sich – obgleich die Veranlagung genetisch bedingt zu sein schien – keinerlei Gefahr oder Anzeichen feststellen. Diese aber ist die einzige der Geschwister, die seit vielen Jahren ein ausgesprochen spirituelles Leben führt, die meditiert, zu

Retreats geht, alternative Medizin favorisiert und eine sehr bewusste Einstellung zu Körper, Geist und Seele hat.

———•———

Übung 19:

Welchen Zugang habe ich zur Kraft in mir?

Wenn Sie es wollen, können Sie sich an dieser Stelle überlegen, was für ein Mensch Sie in Hinsicht auf dieses Thema sind, ob Sie einem konfessionellen Glauben folgen, spirituell ausgerichtet sind oder eher »an nichts glauben«, wie man so schön (und meist »so falsch«) sagt. Und Sie könnten überlegen, wie intensiv diese Bindung oder Überzeugung ist und was Ihnen das gibt.

Ein derartiger »Glaubenscheck« ist aber nicht notwendig für diese Übung. Ich möchte Sie eher dazu animieren, Konfession, Glaubenssystem, Überzeugung, ja sogar »spirituelles Wissen« einmal für ein paar Minuten außer Acht zu lassen und sich nur die Frage zu stellen: »Spüre ich in meinem Leben, dass mich ›etwas‹ trägt?«

Bitte beantworten Sie die Frage nicht mit Ihrem Verstand und Ihrem Wissen. Sagen Sie nicht: »Ich weiß, dass Gott mich trägt.« Oder: »Ich werde vom Kosmos getragen.« Denken Sie die Antwort nicht: SPÜREN Sie sie.

Einzig das, was Sie tatsächlich spüren können, gilt hier als Antwort. Das mag eine Übung sein, die Ihnen, unter dieser

Prämisse, vielleicht schwerer fällt, als es auf den ersten Blick erscheinen mochte. Vielleicht verlangt diese Frage und diese Übung Ihnen auch ein paar Tage ab, bevor Sie die Antwort gefunden haben.

Aber die innere Reise lohnt sich. Vielleicht waren Sie bisher der Meinung, dass Sie kein sehr spiritueller Mensch sind, und entdecken plötzlich, dass es doch etwas in Ihnen gibt, das Sie durch alle Tiefen des Lebens schifft. Oder Sie hielten sich bislang für einen guten Katholiken oder Protestanten und haben doch Probleme, etwas von dem zu »spüren«, was Sie glauben. Oder Sie verspüren bei diesem Erforschen eine Sehnsucht danach, eine solche Kraft in sich zu finden …

Wenn Sie das, was Sie in sich finden, nicht zufriedenstellt, wenn es Ihnen nicht genügt, dann nehmen Sie dieses Buch als Anstoß dafür, ein wenig auf die Suche zu gehen. Angebote gibt es in dieser Hinsicht heutzutage mehr als genug. Zeitschriften, Bücher, Seminare, Kurse – hineinzuschnuppern tut nicht weh und verpflichtet Sie zu nichts.
Aber vielleicht entdecken Sie etwas, das wesentlich für Sie ist und Sie weiterbringt.

Der persönliche Notizzettel

Was können Sie von Anne R. und aus diesem Kapitel für sich persönlich mitnehmen?

Wozu haben das Beispiel von Anne R. und die Ausführungen dazu Sie persönlich inspiriert, was können Sie von diesem Kapitel und den Übungen für sich mitnehmen und verwirklichen?

Was hat dieses Beispiel mir persönlich gesagt?

_____

_____

_____

_____

Was könnte ich mir konkret vornehmen?

_____

_____

_____

_____

Schlusswort

Zwölf Kapitel haben Ihnen die Schätze offenbart, die außerordentliche Menschen hohen Alters Ihnen zu bieten haben. Das Schlusskapitel könnte nun darin bestehen, diese Erfahrungen in ein paar Sätzen zusammenzufassen und Sie Ihnen so mit auf den Weg zu geben. Doch wie ich bereits in der Einführung schrieb: Es wäre dies nicht der Gewinn, den Sie aus diesem Buch ziehen können.

Manchmal höre ich, dass doch allein die Lebensbeispiele von außergewöhnlichen alten Menschen schon genügten, um daraus zu lernen. Man brauche im Grunde weder Erläuterungen dazu noch Übungen. Das aber wird bei den wenigsten Menschen der Fall sein. Wir hören von solchen Beispielen oder lesen darüber und finden es wunderbar. Doch wie viel ändert sich danach tatsächlich in unserem Leben, in unserem Denken oder unseren Einstellungen? Aus meiner langjährigen Beratertätigkeit würde ich sagen: Bei den allerwenigsten ändert sich dadurch etwas in entscheidender Hinsicht.

Veränderung ist ein langwieriger Prozess, der Entschlossenheit und Zielgerichtetheit verlangt. Je mehr Herausforderung in der Veränderung steckt, umso mehr Courage verlangt es uns ab.

Das Alter anders zu sehen, kommt einer Umkehrung unserer Denkweisen gleich. So etwas passiert nicht nebenbei und auch nicht dadurch, dass wir ein solches Buch gelesen haben. Im Grunde ist es nicht einmal damit getan, dass Sie die Übungen durchgeführt haben, obwohl Ihnen hierfür großes Lob gebührt, denn nicht jeder will sich dieser Mühe unterziehen.

Einen optimalen Gewinn im Sinne von positiver Veränderung werden Sie nur dadurch erzielen, dass Sie aus dem Gelesenen ganz bewusst etwas sehr Konkretes für sich persönlich mitnehmen – etwas, das Sie in Ihrem Leben auch *umsetzen*.

Dazu bedarf es einer ganz persönlichen, bewussten *Auswertung* des Gelesenen.

***

Sich einen Anker für seine Vorsätze schaffen

Selbst wenn Sie die Übungen nicht gemacht haben sollten und auch wenn Sie keine persönliche Zusammenschau des Gelesenen durchführen wollen: Legen Sie das Buch nicht aus der Hand, ohne *wenigstens einen* ganz konkreten, positiven Gedanken daraus für sich mitzunehmen.
Am besten schriftlich, als Post-it an der Pinnwand oder als Kärtchen in der Geldbörse.

Warum rate ich Ihnen das so eindringlich? Mir ist schlichtweg daran gelegen, dass Sie aus diesem Buch einen Gewinn für sich ziehen – einen nachhaltigen Gewinn, der Ihr Leben wenigstens ein kleines bisschen verbessert.

Wie oft lesen wir gute Bücher oder besuchen interessante Seminare und stellen später fest, dass wir kaum etwas davon umgesetzt haben? Ein wesentlicher Grund liegt darin, dass wir das, was wir gern ändern möchten, nicht in unserem Leben "verankern". Das bedeutet: Wir wissen zwar, dass uns etwas guttun würde, und wollen es auch umsetzen, aber es "entflieht" irgendwie unserem Bewusstsein.

Es gibt den Begriff "flüchtiger Gedanke". Dieser wird zwar meistens in einem anderen Zusammenhang verwendet, aber er passt ausgezeichnet hierher. Wir lesen etwas, finden es gut, denken kurz daran, nehmen uns vielleicht sogar etwas vor – doch wenn wir dann das Buch zur Seite gelegt oder das Seminar verlassen haben, geht unser Leben wieder in den normalen Alltag über und der schöne Vorsatz "verflüchtigt" sich.

Das ist auch der Grund, warum ich Sie in diesem Buch immer wieder dazu eingeladen habe, Ihre Gedanken schriftlich festzuhalten, und sei es nur in ein paar Worten. Geschriebenes bleibt. Man kann es wieder hervorholen, kann es sich irgendwo hinhängen oder auch mit sich tragen. Es wird eine Art "Anker" daraus, der Sie immer wieder an Ihren Gedanken und Ihren Vorsatz erinnert.

Eine Abonnentin meiner Autorenseite auf Facebook schrieb einmal auf einen meiner Beiträge, dass sie sich eine Zeitungsnotiz über einen 90-Jährigen, der die Grundschule nachgeholt hatte, an die Küchenwand gehängt habe – als tägliche Ermutigung.

Es muss aber nicht unbedingt Geschriebenes sein, auch ein Foto oder ein Gegenstand, den Sie mit ganz gewissen Gedanken oder Vorsätzen verbinden, hat den Anker-Effekt.

Eine persönliche Zusammenschau zum Abschluss

Ich möchte Ihnen hier nun vorschlagen, wie Sie die Arbeit mit diesem Buch abschließen können, um einen optimalen Gewinn daraus zu ziehen. Hier folgt eine systematische Aufstellung in vier Varianten – je nachdem, wie wichtig Ihnen das Thema ist, und je nachdem, wie viel Zeit, Energie und Aufmerksamkeit Sie dem Ganzen widmen wollen.

Das Minimale

Es ist das, was ich eingangs zu diesem Schlusswort erwähnte: das Mitnehmen von *wenigstens einem* ganz konkreten, positiven Gedanken aus diesem Buch. Ein Gedanke, der sich Ihnen eingeprägt hat, oder eine der Personen, die Sie beeindruckt hat. Diesen einen Gedanken nehmen Sie sozusagen als Souvenir von Ihrer Reise durch dieses Buch mit.

Das Summarische

Wenn Sie eine Zusammenschau interessant finden, dennoch aber nicht viel Zeit investieren wollen, dann gehen Sie die persönlichen Zusammenfassungen zu jedem Kapitel durch, also das, was Sie sich zu den beiden Fragen am Ende – *Was hat dieses Beispiel mir persönlich gesagt?* Und: *Was könnte ich mir konkret vornehmen?* – notiert haben.

Sollten Sie sich nichts notiert haben, rufen Sie sich kurz das Thema des jeweiligen Kapitels in Erinnerung und überlegen Sie, was Sie sich davon als Anstoß merken möchten. Schreiben Sie sich auf, was Ihnen davon wichtig erscheint. Finden Sie darunter wenigstens einen Punkt, den Sie nicht nur als Gedanken behalten wollen, sondern aus dem Sie mehr machen könnten, indem Sie sich vornehmen, ihn konkret zu leben, ihn umzusetzen.

Das Gründliche

Wenn Sie bereit sind, etwas mehr Zeit zu investieren, dann nehmen Sie sich einen Abend vor, an dem Sie alle Kapitel erneut durchgehen und all das zusammentragen, was Ihnen darin besonders zugesagt hat.

Diese abschließende Zusammenschau dürfen Sie auch gern zelebrieren, mit einem Glas Wein, einer schönen Kerze, was auch immer Sie unter einem schönen, entspannten Abend verstehen. Es ist Ihre Zukunft, die vor Ihnen liegt, und sie hat es verdient, gefeiert zu werden, denn alle Ideen und Anregungen, die Sie erhalten haben und die Sie umzusetzen in der Lage sind, werden Ihnen garantiert ein großes Plus in Ihrem Leben bescheren.

Wenn Sie zu einer gründlicheren Rückschau bereit sind, haben Sie gewiss auch einiges an Gedanken zu den Kapiteln notiert und vermutlich auch etliche Übungen durchgeführt.

Stellen Sie sich daraus Ihr ganz persönliches Spektrum an Zielen und Vorhaben zusammen.

Aus diesen wählen Sie dann aus, was Ihnen besonders interessant, wichtig oder vorrangig erscheint. Dieser zweite Schritt verringert die Anzahl der als möglich anvisierten Ziele.

Im letzten Schritt suchen Sie sich das aus, womit Sie konkret beginnen möchten. Am besten versehen Sie Ihr Vorhaben mit einem kleinen Zeitplan, wann oder bis wann Sie es verwirklicht haben wollen.

Das Intensive

Die letzte Stufe wendet sich eher an "Fortgeschrittene". Vielleicht gehören Sie zu den Lesern, die schon oft mit solchen Übungsbüchern gearbeitet haben. Dann werden Sie wissen, dass Sie den größten Erfolg erzielen, wenn Sie die Übungen über eine bestimmte Zeit hinweg mehrfach wiederholen.
In diesem Fall machen Sie als ersten Schritt das, was im vorangehenden Abschnitt beschrieben war, und suchen sich im zweiten Schritt jene Übungen aus, mit denen Sie gern eine Weile weiter experimentieren möchten.

Die Ausdauer ist das Geheimnis des Erfolges.

Diese Worte hat mir vor vielen Jahren der Jesuit und Zen-Meister Hugo Enomiya-Lassalle als Widmung in ein Buch geschrieben. Enomiya-Lassalle war der Wegbereiter für eine Verständigung zwischen Zen-Buddhismus und Christentum.

Damals war ich sehr enttäuscht von dieser Widmung, die mir recht banal erschien. Ich hatte erwartet, von einem so großen Meister eine viel gewichtigere Widmung zu erhalten. Doch heute weiß ich: Beständigkeit ist tatsächlich das Geheimnis des Erfolges – in allem, was wir tun. Vor allem dann, wenn man sich Schwieriges vorgenommen hat und sehr weit kommen möchte.

Blitzartige Erleuchtung oder sehr großer Mut können auch bewirken, dass man ganz spontan etwas verwirklichen kann. So wie vielleicht im Fall von James Henry Arruda. Er hatte von George Dawson gehört, der mit 98 Jahren das Lesen und Schreiben erlernte, und sagte sich: "Wenn der das kann, will ich es wenigstens versuchen". Und er imitierte ihn in genau diesem Punkt, lernte mit 92 Jahren das Lesen und Schreiben und brachte mit 96 Jahren ein Buch heraus.

Natürlich wäre es wunderbar, wenn Sie die Beispiele in diesem Buch oder auch nur eines davon, genauso wie Arruda, einfach nachahmen könnten. In den meisten Fällen aber haben wir weder eine derartig enorme Willenskraft bei unseren Vorsätzen noch das Glück spontaner Erleuchtung, und es bleibt uns nur der Weg des Versuchens und der Ausdauer.

Seien Sie also nicht enttäuscht, wenn das, was Sie sich hier vornehmen, nicht auf Anhieb klappt. Ungewöhnlich wäre es eher, wenn alle anvisierten Änderungen sofort Erfolg zeigten.

Bleiben Sie einfach dabei, versuchen Sie es immer wieder. Lassen Sie das neue Denken nicht aus den Augen und nicht aus dem Sinn. Erinnern Sie sich immer wieder an Ihre Anker, hängen Sie sich Zettel an die Küchenwand oder legen Sie dieses Buch so hin, dass Ihr Blick immer wieder darauf fällt. Und erzählen Sie auch anderen davon, dass Sie das Alter anders sehen oder sehen möchten. Auch das wirkt auf Sie zurück und wird Sie bestärken.

Und feiern Sie jeden Erfolg.

Wenn Sie den Mut hatten, sich endlich in den Kurs einzuschreiben, in dem das Durchschnittsalter zwanzig Jahre unter Ihrem liegt, wenn Sie es gewagt haben, mit Ihren 55 Jahren ein sexy Kleid anzuziehen, wenn Sie mit 60 Ihre verborgenen Fähigkeiten entdeckt haben oder Sie sich mit 70 trauen, den verwitweten Nachbarn anzusprechen, den sie so sympathisch finden – dann feiern Sie diese Erfolge. Bringen Sie sich diese Wertschätzung entgegen. Auch das ist eine Kraft, die Sie weit kommen lässt.

------ • ------

Glauben Sie an Zukunft

Egal, wie alt Sie sind: Glauben Sie für sich an Zukunft! Dazu möchte ich Sie aus tiefstem Herzen ermutigen.

Die Vorstellung, dass sich Pläne, Ideale, Träume, Vorhaben ab einem gewissen Alter "nicht mehr lohnen" oder "nicht mehr möglich" seien, ist die Blockade für jegliches Unterfangen.

Ich möchte Ihnen zum Abschluss die zwei schönsten Beispiele für den Glauben an Zukunft oder das, was Zukunft im Alter noch sein kann, mitgeben. Ein wunderbares Beispiel dafür, wie man seinen Glauben an Zukunft leben kann, das waren François und Madeleine. Die beiden lebten in einem Altersheim in Südfrankreich, wo sie sich kennenlernten. François war zu der Zeit 95, Madeleine 94 Jahre alt. Sie heirateten in diesem Alter. Die Lebensgeschichte von François zeigt darüber hinaus, dass eine andere Sicht von Zukunft sehr realistisch sein kann. Er starb mit 104 Jahren, lebte also noch fast zehn Jahre. Er hat in dieser Zeit ein Buch geschrieben mit einem Titel, der perfekt zum Thema passt: "Mehr als hundert Jahre leben und immer noch wachsen!"

Ebenfalls aus Frankreich kommt das zweite schelmisch-schöne Beispiel für Zukunft oder dafür, dass wir uns von manchen Vorstellungen besser trennen sollten. Die Französin Jeanne Calment war 90 Jahre alt, als sie ihre Eigentumswohnung verkaufte. Sie handelte sich dafür "nur" die Bedingung einer lebenslangen Leibrente aus. Der Käufer, ein 47-jähriger Rechtsanwalt, war überzeugt, ein vorzügliches Geschäft gemacht zu haben, denn die Zahlungen für die wenigen Jahre, bis die alte Dame das Zeitliche segnen würde, würden kaum je an den Wert der Wohnung heranreichen.
Das Dumme nur: Jeanne Calment wurde 122 Jahre alt.
Er starb am Ende mit 77 Jahren noch vor ihr, hatte bereits das Doppelte des Wohnungswertes gezahlt und seine Familie musste weiterhin für die Leibrente aufkommen.

Mit einem Augenzwinkern zu diesem Schelmenstreich der bislang ältesten Frau der Welt verabschiede ich mich und wünsche Ihnen viel Erfolg auf Ihrem Weg zu sich selbst und zu einem späteren glücklichen Alter!

Vielleicht "sehen" wir uns ja bei einem meiner späteren Bücher zum Thema wieder!? Ich würde mich freuen.

Literaturhinweise und Empfehlungen

Die in dieses Buch eingeflossenen Erkenntnisse aus anderen Quellen basieren im Wesentlichen auf den Recherchen, die ich zu meinem Buch "Leben wagen bis ins hohe Alter" durchgeführt habe und die dort umfangreich und ausführlich dokumentiert sind.

Weiterführende Lektüre für eine andere Sichtweise von Alter und eine neue Denkweise

Maria G. Baier-D'Orazio, Leben wagen bis ins hohe Alter, Pforzheim 2012

Tim Drake und Chris Middleton, You Can Be as Young as You Think – Six Steps to Staying Younger and Feeling Sharper, Pearson Education Limited, Harlow 2009

Frederick Frank, Zen in der Kunst des Sehens, München 1999

Sigrun-Heide Filipp und Anne-Kathrin Mayer, Bilder des Alters – Altersstereotype und die Beziehungen zwischen den Generationen, Stuttgart 1999

Hermann Hesse, Mit der Reife wird man immer jünger, Frankfurt a. M. 2003

Ellen J. Langer, Counterclockwise, Mindful Health and the Power of Possibility, Hodder & Stoughton, London 2010 (2011 auch deutsche Version: Die Uhr zurückdrehen?)

Dieter Otten, Die 50+ Studie – Wie die jungen Alten die Gesellschaft revolutionieren, Hamburg 2008

Frank Schirrmacher, Das Methusalem-Komplott, München 2005

K. O. Schmidt, Gedanken sind wirkende Kräfte, 11. Auflage, Pforzheim 2013

Bücher und Bildbände über Hochaltrige und Hundertjährige

Andreas Labes und Stefan Schreiber, 100 Jahre Leben – Porträts und Einsichten, München 2010

Ulla Rahn-Huber, So werden Sie 100 Jahre – Das Geheimnis von Okinawa, München, 2009

Ute Karen Seggelke, Wir haben viel erlebt! – Jahrhundertfrauen erzählen aus ihrem Leben, München, 2007

Sœur Emmanuelle, J'ai 100 ans et je voudrais vous dire..., Plon, Paris 2008

Weitere interessante Literatur zum Thema

Lothar Boländer, Der 1-Minuten-Körper-Check, Fitness und Verjüngung für Millionen, Tutzing 2002

Rita Levi Montalcini, Ich bin ein Baum mit vielen Ästen – Das Alter als Chance, München 2001

Erich Renner, Methusalems Weltreise – Vom Alter hier und anderswo, Wuppertal 2007

Bärbel Schäfer und Monika Schuck, Die besten Jahre, Frauen erzählen vom Älterwerden, Berlin 2009

Artikel und sehenswerte Videos
(nach Stichwort bzw. Person)

Nonnenstudie – http://de.wikipedia.org/wiki/Nun_study

Charles Eugster – Michael Eder, Charles Eugster – Der fitteste Senior der Welt, 2010 – http://www.faz.net/aktuell/sport/mehr-sport/charles-eugster-der-fitteste-senior-der-welt-1624709.html

Sœur Emmanuelle – Gerd Kröncke, Die "Mutter der Müllmenschen", 2010 http://www.sueddeutsche.de/panorama/schwester-emmanu-elle-tot-die-mutter-der-muellmenschen-1.528854

Konrad Thurano – Julia Lutz, Fit wie ein Turnschuh: Der älteste Artist der Welt, 2006 – http://www.geo.de/GEOlino/kreativ/fit-wie-ein-turnschuh-der-aelteste-artist-der-welt-4989.html

Doris Long – Abseilen von Hochhäusern mit 101 Jahren, Juli 2015 http://www.dailymail.co.uk/travel/travel_news/article-3159039/She-s-101-year-old-woman-breaks-world-record-oldest-abseiler-roping-one-Britain-s-tallest-buildings.html

Ruth Flowers – DJane mit 70 Jahren, https://www.youtube.com/watch?v=C9YK648vk-E www.mamyrock.com

Paddy Jones – Salsa-Auftritt in Talenteshow mit 80 Jahren, https://www.youtube.com/watch?v=5lsU88aiSK8

Über die Autorin

Maria G. Baier-D'Orazio ist eine Autorin, deren Bücher ein klares Ziel haben: Sie will Menschen dazu ermutigen, sich nicht von den Meinungen und Überzeugungen der Masse leiten zu lassen, sondern ihr Leben couragiert und authentisch selbst zu gestalten.

Dass man hierfür auch etwas wagen muss, zeigt sie an ihrem eigenen Leben. Anstatt sich nach ihrem Studium für eine gutbezahlte, sichere Karriere zu entscheiden, folgte sie einem Wunsch aus der Tiefe, der sie in die Ferne und ins Unbekannte führte: Sie ging als Entwicklungshelferin nach Afrika, dann nach Südamerika, verbrachte insgesamt über 12 Jahre auf diesen beiden Kontinenten.

Heute ist sie als Expertin und Beraterin im Dienst internationaler Entwicklungszusammenarbeit tätig und begleitet seit nunmehr 25 Jahren Menschen in vielen Ländern bei der Durchführung von Projekten, analysiert mit ihnen Problemsituationen, gibt Impulse für kreative Lösungen, coacht zu Kommunikation und Persönlichkeitsentwicklung. Fremde Kulturen und stets neue Begegnungen verlangen Lernbereitschaft, nicht immer planbare Situationen erfordern Flexibilität und Aufenthalte in Krisengebieten übersteht man nur mit Wagemut. Mit heute 69 Jahren zeigt sie damit, dass unsere Sichtweise von dem, was im Leben möglich ist – oder ab irgendeinem Zeitpunkt angeblich nicht mehr möglich sein soll -, sehr relativ ist.

An sich selbst glauben, Kraft aus der eigenen Tiefe schöpfen und festgefahrene Sichtweisen von "Alter" mutig umkehren – diese Erkenntnis möchte sie weitergeben, untermauert durch umfangreiche Recherchen zum beeindruckenden Potenzial, das Menschen sehr hohen Alters weltweit unter Beweis stellen.

Maria G. Baier-D'Orazio ist Autorin von drei Fachbüchern aus dem Bereich der Entwicklungshilfe, zwei Romanen und vier Sachbüchern aus den Bereichen dynamisches, inspiriertes Alter, Persönlichkeitsentwicklung und kreative Lebensgestaltung.

In 2019 trat sie zum Thema "neue Sicht von Alter" als TEDx-Speaker in Tiflis auf.

Anders sein, anders denken, anders handeln – das ist ihr Geheimtipp für ein spannendes authentisches Leben und ein Jungbleiben von innen heraus. Dieses Motto wurde auch zum Titel ihres im August 2021 erschienenen kreativen Arbeitsbuches.

Anfang 2022 verlegte die Autorin ihren Wohnsitz nach Tiflis. Sie beabsichtigt, für deutsche TeilnehmerInnen kreative Workshops zum Thema neue Sicht von Alter in Georgien anzubieten.

Homepage der Autorin: **www.baier-dorazio.de**

Autorenseite in Facebook mit inspirierenden Beiträgen zum Thema Alter sowie aktuellen Meldungen über außergewöhnliche Hochaltrige: **www.facebook.com/baierdorazio.autorin**

Auf youtube findet sich ihre TEDx-Rede zu "A new vision of ageing".

Weiterführende Informationen zu
Büchern, Autoren und den Aktivitäten
des Silberschnur Verlages erhalten Sie unter:
www.silberschnur.de

Natürlich können Sie uns auch gerne den
Antwort-Coupon aus dem beiliegenden
Lesezeichenflyer zusenden.

Ihr Interesse wird belohnt!

256 Seiten, farbig, mit vielen
Fotos und Grafiken, Flexocover
ISBN 978-3-96933-009-8
€ [D] 28,00

Maria G. Baier-D'Orazio

Anders sein, anders denken, anders handeln

Um du selbst zu sein, um frei zu werden, damit sich etwas ändert. Ein inspirierendes Arbeitsbuch

Ein völlig neuer Weg der Innenschau.
Im ersten Teil des Buches führen Fotos dich in einer Reflexion über dein gesamtes Leben. Dein Denken wird auf die Probe gestellt. Du spürst, wer du wirklich bist und entdeckst neue Wege.
Im zweiten Teil erlauben dir Zeichnungen deine Sichtweisen und Probleme konkret zu bearbeiten. Im Buch selbst kannst du diese Zeichnungen neu gestalten. So findest du Lösungen und es wird sich etwas in deinem Leben verändern.
Eine Entdeckungsreise zu dir selbst!

224 Seiten, broschiert
ISBN 978-3-89845-596-1
€ [D] 17,00

Maria G. Baier-D'Orazio

Schneiden Sie die Tomaten doch mal anders als sonst

Aus der Routine des Alltags ausbrechen und jünger werden

Haben Sie sich nicht schon immer ein Leben gewünscht, in dem Platz ist für Neues, für Spontaneität, Lebenslust und Abenteuer? Genau dieses Leben können Sie sich erschaffen und frischen Wind in Ihr Leben lassen. Entdecken Sie, wie Sie mit kleinen Veränderungen dem Leben Farbe verleihen, es facettenreicher, intensiver werden lassen.
Der wunderbare Nebeneffekt: Diese neue Art an gelebter Intensität wird in Ihnen das Jungsein aktivieren. Begleitet von einer Vielzahl spielerischer Übungen, entdecken Sie so einen wahren Jungbrunnen für ein Leben, das sich jeden Tag neu erschafft.

176 Seiten, broschiert
ISBN 978-3-96933-017-3
€ [D] 12,00

Ilona Friederici – Deine Mutmacherin

Bist du schon du selbst?

Sei dir selbst wichtig!
Mit den richtigen Fragen kannst du dein ganzes Denken auf den Kopf stellen! Mit Lebensfreude, Zuversicht und Mut lernst du, wieder du selbst zu sein – und auf einmal hat alles wieder einen Sinn für dich. Dieses Buch berührt dein Herz, lässt dich weinen, schmunzeln, lachen … aber es verändert auch dein Leben auf positive Weise. Wie Phönix aus der Asche erneuerst du deine Kraft und tust dir selbst und der Welt etwas Gutes.

160 Seiten, durchgehend
farbig, broschiert
ISBN 978-3-96933-024-1
€ [D] 22,00

Claudia Lazzari

Wahre Schönheit geht unter die Haut

Die 4 Phasen der natürlichen, ganzheitlichen Hautpflege

Es ist an der Zeit zu erkennen, dass unser Körper ein ganzheitliches, sehr intelligentes, ja magisches System ist.

Kosmetik kann, wenn sie richtig angewendet wird, wieder Ordnung in den Körper bringen. Stressreduktion, Versorgung mit Vitalstoffen und Unterstützung aller Körperfunktionen entlastet die Haut, die als Entgiftungsorgan das letzte Glied der Kette ist. Körper und Haut bilden eine Symbiose bei der beide voneinander profitieren können.

Hier geht es ums Ganze und es geht unter die Haut.

Hier geht es um dich!

208 Seiten, 2-fbg., broschiert
ISBN 978-3-89845-470-4
€ [D] 14,95

Jessica Lütge

Liebe deine Kilos und du wirst schlank

Der spirituelle Weg zum Wohlfühlgewicht

Abnehmen ohne Diät und ohne Fitnessstudio? Ja!

In diesem Buch finden Sie keine Rezepte und auch keine anstrengenden Sportübungen. Trotzdem können Sie leicht, spielerisch und mit Spaß abnehmen. Sie erkennen die versteckten Ursachen Ihres Übergewichts und erfahren, wie Sie die überflüssigen Kilos loslassen können. Jessica Lütges Motivationsplan hilft Ihnen dabei, die schwierigen ersten Tage ganz ohne Stress und Heißhunger zu überstehen ... Und anschließend wird das Abnehmen immer leichter!

Erleben Sie Ihr Traumgewicht!

288 Seiten, broschiert
ISBN 978-3-89845-420-9
€ [D] 14,95

Larisa Renar

Die Macht der Weiblichkeit

Die Macht weiblicher Energierituale

Dieses Buch beschreibt die Stärken der weiblichen Energie, die schönen Schwächen, die unglaublichen Möglichkeiten und die süßesten Mächte der Erde. Entdecken Sie mit diesem voller Charme geschriebenen Buch Ihre Weiblichkeit, die Macht der Verführung und das Geheimnis, wie Sie Ihre Wünsche realisieren.

Tauchen Sie ein in die moderne Welt von Larisa Renar und in die Welt des frühen 20. Jahrhunderts der Fürstin Varvara Renar. Profitieren auch Sie, wie die Autorin, von den Kenntnissen der Urgroßmutter, von den Verführungsrezepten und dem geheimen Wissen über die weibliche Macht – und werden Sie zur modernen Liebesgöttin ...

240 Seiten, farbig, broschiert
ISBN 978-3-89845-649-4
€ [D] 20,00

Dietmar Schenk

Wer jünger bleibt, kann älter werden
Synergaging – so macht der Kopf den Körper fit

Rauben dir chronischer Stress und Überlastung Tag für Tag mehr Lebenskraft? Fühlst du dich erschöpft, ausgebrannt und vorzeitig gealtert? Dann gilt es, wieder mehr Dynamik zu spüren und die innere Balance wiederaufzubauen. Echtes Better-Aging zu betreiben.
Das Synergaging-Programm führt dich zu einem wahren Jungbrunnen, zum Quell der Lebenskraft und damit zu kerniger Gesundheit bis ins hohe Alter, damit du zu jeder Zeit gesund, vital und selbstbestimmt leben kannst.
Es lohnt sich.

192 Seiten, broschiert
ISBN 978-3-89845-681-4
€ [D] 14,00

Angela Frauenkron-Hoffmann

Frei von Schmerzen bei Bewegung und Belastung
durch Biologisches Dekodieren

Die Lösung für ein schmerzfreies und aktives Leben.
Mit dem Biologischen Dekodieren finden und verstehen Sie die psychisch-emotionalen Gründe für Ihre Schmerzen, die Sie außer Gefecht setzen.
Die Autorin legt eindrücklich dar, dass körperlicher Schmerz immer von einem emotionalen, seelischen oder moralischen Schmerz, erzählt.
Mit dieser Methode verstehen Sie, welche tiefer liegenden Gründe angegangen werden müssen, um sich von Ihren Schmerzen zu befreien.
Biologisches Dekodieren bringt wieder Bewegung in Ihr Leben!

160 Seiten, broschiert
ISBN 978-3-89845-611-1
€ [D] 14,00

Kurt Tepperwein

Vergiss dich nicht
Die 23 Tugenden für ein bewusstes Leben

Seit jeher sehnen wir uns nach Veränderungen. Wir probieren vieles aus und bemerken aber, dass wir immer wieder am gleichen Punkt landen. Der erfolgreiche Autor Kurt Tepperwein lädt uns dazu ein, etwas genauer hinzu-sehen und das Leben mit 23 längst vergessenen Tugenden, die aktueller denn je sind, neu zu entdecken.
Dieses Buch geht mit dir den Weg in ein bewusstes Leben. Es rüttelt wach, fängt auf, harmonisiert und begleitet.
Es liegt nur an uns, diese Tugenden wieder zum Leben zu erwecken …

288 Seiten, broschiert
ISBN 978-3-96933-013-5
€ [D] 16,00

Franz Huber

Herzenshühner
Ein erfülltes Leben mit Hühnern

Ach du lieber Gott, meine Mutter hat mir ihre Hühner vererbt! Und jetzt? Wir haben uns tatsächlich angefreundet – die Hühner und ich. Mich überkommen eigenartige Gefühle, wenn ich im Garten in der Abenddämmerung auf der alten Bank sitze, mit Bruno dem Gockel, der krähend versucht die Sonne zurückzurufen ...

Was ist jetzt real? Das hängt davon ab, was ich als real bezeichne und wie ich mein Leben gestalten möchte, oder?

Ein Buch voller Farben, Klänge, Düfte und vor allem Erkenntnisse – nicht nur für Hühnerhalter

168 Seiten, Klappenbr.
ISBN 978-3-89845-152-9
€ [D] 10,90

Franziska Krattinger

Ein Wort genügt!
... sich einfach umprogrammieren

Schalten Sie einfach um! – Manchmal genügt ein einziges Wort, um verborgene Haltungen ans Licht zu bringen oder Einstellungen zu ändern. Dabei gibt es spezielle Worte, die gleichsam eine magische Wirkung haben, da sie die Schlüssel zu unserem Unterbewusstsein sind: Schaltworte.

Schalten Sie einfach um – und beobachten Sie die Veränderungen in Ihrem täglichen Leben, ohne dass Sie bewusst daran denken oder eine Vorstellung der Lösung haben müssen. Nutzen Sie die Kraft, eine Situation augenblicklich im besten und idealen Sinn zu verändern.

184 Seiten, broschiert
ISBN 978-3-89845-446-9
€ [D] 12,95

Christian Scheurer

Wünsche wirklich wollen
Mythos und Praxis

Wir alle haben Wünsche, die wir gerne erfüllt sehen würden. Doch die wenigsten von uns bekommen, was sie beim Universum bestellt haben. Erfolgscoach Christian Scheurer geht in diesem Buch auf die Nichterfüllung von Wünschen ein und zeigt, welche Elemente der Verwirklichung unserer Wünsche im Weg stehen. Auf einzigartig lockere Art und Weise zeigt er, wie jeder das Kunststück hinbekommt, diese Hindernisse auszuräumen – wenn er es nur richtig angeht.

Mit Christian Scheurers leicht verständlichen Schritt-für-Schritt-Anleitungen gelingt es auch Ihnen, dass Ihr Wunschknoten endlich platzt!